군사사의 관점에서 본
펠로폰네소스
전쟁

군사사의 관점에서 본
펠로폰네소스 전쟁

인쇄 · 2020년 9월 17일
발행 · 2020년 9월 25일

지은이 · 손 경 호
펴낸이 · 한 봉 숙
펴낸곳 · 푸른사상사

주간 · 맹문재 | 편집 · 지순이 | 교정 · 김수란
등록 · 1999년 7월 8일 제2-2876호
주소 · 경기도 파주시 회동길 337-16 푸른사상사
대표전화 · 031) 955-9111(2) | 팩시밀리 · 031) 955-9114
이메일 · prun21c@hanmail.net
홈페이지 · http://www.prun21c.com

ⓒ 손경호, 2020

ISBN 979-11-308-1705-7   03920
값 18,000원

군사사의 관점에서 본

펠로폰네소스 전쟁

교·양·총·서 14

The Peloponnesian War Seen through the Eyes of Military History

손경호

푸른사상
PRUNSASANG

펠로폰네소스 전쟁은 그리스-페르시아 전쟁(Greco-Persian War, BC 494~479) 이후 성장한 아테네와 펠로폰네소스 동맹의 맹주이며 오랫동안 그리스 세계의 패자로 군림해오던 스파르타 간의 갈등으로 인하여 비롯된 전쟁이다. 아테네는 페르시아와의 전쟁을 치르면서 마라톤 전투(The Battle of Marathon, BC 490)와 살라미스 해전(Salamis, BC 480)에서 군사적으로 큰 성공을 거두었고 그리스 세계의 강자로 등장하게 되었다. 이후 아테네는 강력한 해군력을 바탕으로 지배 영역을 넓혀갔으며 동맹국들로부터 막대한 세금을 거둬들여 제국으로 성장하였다. 아테네 해군의 지배력은 이집트로부터 시칠리아, 그리고 흑해에까지 미쳤다.

이에 비해 스파르타는 전통적인 패자로서 아테네의 부상으로 인해 그 비중이 약해지고 있었다. 스파르타가 그리스 세계를 지배할 수 있었던 배경은 특별한 공동체적 훈련을 통해 양성된 중장보병이 발휘하는 육상 전력에 있었다. 이것이 스파르타로 하여금 다른 그리스 도시국가들에 대해 군사적 우위를 지니게 하였고, 동맹국들을 통제할 수 있게 하였다. 그러나 해군력을 기반으로 한 아테네와 달리 스파르타는 자유롭게 군사력을 해외로 투사할 수 있는 능력을 갖지 못하였다. 아울러 생산을 담당한 노예계급(Helot)이 언제 반란을 일으킬지 모르는 내부의 불안 요소를 가지고 있어 쉽사리 동맹국들의 요청에 응해서 군사력을 운용할 수 있는 입장이 되지 못하였다. 스파르타의 입장에서 볼 때 아테네는 스파르타의 지위를 위협할 수 있는, 아니면 생존을 위협할 수 있는 거북한 존재였다. 이 두 국가의 대결이 펠로폰네소스 전쟁으로 이어졌다.

최근 한국 사회가 펠로폰네소스 전쟁에 부쩍 관심을 가지고 있다. 그것은 그레이엄 앨리슨(Graham Allison)으로 대표되는 중국의 부상을 경계하는 미국의 학자 및 정책 수립자 집단이 펠로폰네소스 전쟁을 통해 미국과 중국의 관계를 전망하기 때문이다. 이러한 연유로 한국 사회가 더욱 이 전쟁에 주목하게 되었으며 그 주된 관점은 국제정치적인 시각, 특히 패권 경쟁 혹은 세력전 이론의 측면에서 이 전쟁을 바라보고 함의를 추구하는 것이다.

펠로폰네소스 전쟁에는 여러 가지 다양한 얼굴이 존재한다. BC 431년부터 404년까지, 무려 27년간 지속한 이 전쟁에는 델로스 동맹과 펠로폰네소스 동맹으로 나뉜 그리스 세계의 대결, 아테네와 스파르타의 경쟁, 전쟁을 주도하였던 페리클레스(Pericles), 아르키다모스(Arkidamos)와 같은 걸출한 전쟁 지도자들, 전쟁의 국면을 결정지은 우연과 마찰의 지배를 받는 크고 작은 전투들이 존재한다. 이러한 특성은 자연스럽게 국제정치의 본질을 고찰하려는 연구자들만이 아니라 군사 연구자, 또 일반 대중도 이 전쟁에 관심을 갖게 한다.

펠로폰네소스 전쟁이 가진 '유명세'에 비해 정작 전쟁 그 자체는 그다지 많은 주목을 받지는 못하였다. 투키디데스가 전해준 전쟁보다는 국제정치적인 함의가 더욱 알려졌으며 냉전의 구조를 설명해주는 틀로 인정을 받았다. 하지만 투키디데스는 높은 수준의 담론만을 전달하고자 한 것이 아니었다. 그는 피가 튀고 살이 찢어지는 전투와 유능한 지휘관들이 수행하였던 작전, 승리와 패배가 갈리는 전쟁을 이야기하였으며 그가 목격하고 들었던 처절한 인간의 본성을 전하고 싶어 했다. 아쉽게도 그동안 우리 사회는 전쟁사로서의 펠로폰네소스 전쟁을 대면하지 못하였다.

필자는 그동안 투키디데스의 『역사』를 바탕으로 펠로폰네소스 전쟁을 연구하며 발표하였던 여섯 편의 논문을 바탕으로 전쟁사로서의 펠로폰네소스 전쟁을 정리하였다. 이 책은 군사적인 관점에서 전쟁을 이해하고자 그동안 저자가 기울였던 노력의 산물이다. 각각의 논문에는 당시 전쟁을 대했던 그리스인들의 군사사상, 전쟁을 수행하고자 하였던 지도자들의 전략, 전투의 실상과 전투 대열에 참여하였던 전투원들의 역할, 전쟁의 흐름에 결정적인 영향을 주었던 펠로폰네소스 전쟁 이전 아테네와 스파르타의 충돌(1차 펠로폰네소스 전쟁), 전쟁의 방향을 결정지은 시칠리아 원정의 전투들, 그리고 이 모든 결과로 부상한 테베와 마케도니아의 군사혁신과 성장이 담겨 있다. 아무쪼록 이 보잘것없는 연구서가 고대 그리스인들의 삶을 지배하였던 거대한 전쟁을 들여다보는 작은 안내가 되어 우리 사회가 펠로폰네소스 전쟁과 그로 인한 고대 그리스 세계의 변화를 이해하는 지평이 넓어지기를 소망한다.

이 책은 많은 선행 연구와 선배 연구자들의 도움으로 탄생하였다. 본인이 서양사, 더구나 고전을 전공하지 않았음에도 불구하고 연구와 토론의 장에 참여하도록 마음을 열어준 서양사학회와 서양문화사학회(세계문화사학회) 선생님들의 비평과 가르침이 없었더라면 이 책의 근본조차 형성될 수 없었을 것이다. 또 위승호 총장님, 김해석 총장님을 비롯한 역대 총장님과 현재 김성일 총장님을 비롯한 학교 당국의 배려가 없었더라면 필자는 연구와 출판을 결심할 수 없었을 것이다. 아울러 늘 예리한 군사적 관점으로 본인의 학문적 성향을 평가해주고 부족함을 채워준 군사전략학과의 선생님들이 계시지 않았더라면 이 책에 담겨 있는 연구들은 지금의 색채를 갖지 못하고 기존의 연구를 답습하는 데 그쳤을 것이다. 한편 항상 부족한 본인을 격려하고 기도해준 아내와 두 아들이 없었더라면 본인은 연구를 지속할 수 없었을 것이다. 끝으로 한없는 사랑을 바탕으로 저자를 늘 후원해주신 부모님과 장모님께 감사드리며, 이분들의 변하지 않는 사랑을 기억하면서 이 책을 헌정한다.

2020년 9월
손 경 호

제3장 페리클레스의 전략

제4장 고전기 그리스 전투에서 경보병의 활약과 한계

제5장 아테네의 시칠리아 원정 작전

제6장 마케도니아의 부상과
알렉산더 대왕의 군사적 성공

제1장

고전기 그리스의 군사전략

고전기 그리스의 군사전략

1. 군사전략이란

오늘날 통용되는 전략사상의 개념을 그대로 고전기 그리스 사회에 적용하는 것은 어려운 일이다. 전략은 일반적으로 목적과 수단의 관계를 규명하고 있다. 전략을 의미하는 strategy라는 단어가 그리스의 군사령관(strategos)이 전투에서 승리하기 위해 사용한 지휘술에서 출발하였다는 것 역시 이러한 전략의 본질적 의미를 잘 보여준다.[2] 그

---

1 이 글은 『서양역사와 문화연구』, No. 26, 2012에 게재되었던 「펠로폰네소스 전쟁을 통해 본 고전기 그리스 군사전략」을 보완한 것이다.

2 David L. Sill, *International Encyclopedia of the Social Sciences*, 15, New York, London: The Macmilland Co., & The Free Press, 1968, p.281.

러나 그리스 시대와 달리 오늘날 사용되는 전략은 엄격한 위계에 의하여 분류되어 있다. 또한, 전략을 사용하는 주체와 전략이 적용되는 분야가 다양하게 분화되어 있다.

고전기 그리스인들의 전략사상을 연구하기 위해서는 이러한 전략 개념의 분화를 먼저 정리해두고 넘어가야 할 필요가 있다. 전략 개념의 분화를 최초로 시도한 이는 클라우제비츠(Carl von Clausewitz)이다. 그는 전투에서 이기기 위해 병력을 사용하는 기술을 전술로 정의하였고, 전쟁의 목적을 달성하기 위하여 전투를 활용하는 기술을 전략으로 정의하였다.[3] 그는 전략과 전술이 서로 다른 차원의 활동을 규정하고 있음을 간파한 것이다.

전략은 다양한 수준으로 분화되었다. 클라우제비츠가 다룬 전략만 하여도 군사전략 차원에 속하는 전략이었다. 20세기에 들어 리델하트(B.H. Liddell Hart)[4]는 군사전략의 상위에 대전략이 있음을 정의하였고, 대전략의 한 구성요소로 그동안 주로 다루어지던 군사전략을 정의하였다. 이에 더하여 그는 군사전략과 동일한 위치에 경제 · 외교 · 금융 · 상업을 활용한 전략을 위치시키며 이러한 전략들이 대전

---

3 Carl von Clausewitz, *On War*, eds. and trans. by Michael Howard and Peter Paret, Princeton: Princeton Unversity Press, 1984, p.128.

4 영국의 대표적인 전략가.

략을 구성하는 요소임을 주장하였다.[5]

또한, 군사전략은 보다 낮은 방향으로도 분화되었다. 소련의 군사연구가에 의해 작전술이라는 개념이 군사전략으로부터 독립하여 전략과 전술 사이에 자리를 잡은 것이다. 작전술은 보통 단일 전구나 전역 단위에서의 군사력 운용을 지칭할 때 사용되는 개념이다.

고전기 그리스의 전략사상을 연구하기 위해서는 우선 군사전략에 한정하여 전략사상을 정의하는 것이 필요하다. 20세기부터 전략이 군사 영역 이외의 분야로 확장되어 사용되기 시작하였으므로 이전 시기의 전략사상은 군사전략에 한정하여 사용하는 것이 합리적이다. 이는 또한 당시 전략의 주된 관심이 군사 분야에 대하여 존재해왔던 현실을 반영하는 것이기도 하다.

아울러 고전기의 전략사상을 다루기 위해서 전략에 포함되어 있는 수단의 의미를 포괄적인 것으로 확장할 필요가 있다. 전략의 개념이 분화되어 있지 않았던 시대이므로 오늘날의 기준으로 수단을 정의하면 놓쳐버릴 수 있는 요소들이 존재하기 때문이다. 따라서 일단은 넓은 개념을 사용하여 전략사상의 윤곽부터 확인할 필요가 있다.

---

5 B.H. Liddell Hart, *Strategy*, Second Revised Edition, New York: Praeger Publishers, 1967, pp.335~336.

2. 지상전에서의 전략

중장보병의 의의와 시민

고전기 그리스인들이 주로 의존한 전쟁의 수단은 중무장한 보병, 즉 호프라이트(Hoplite)였다. 이는 중무장한 보병들로 구성된 밀집방진 즉 팔랑크스(Phalanx)가 교전의 주요 수단이었다는 점에서 분명하게 증명된다. 기병이나 다른 병종이 아니라 도보로 이동하고 전투하는 보병이 전장의 주요 수단으로 활용된 것이다.

이 시기 그리스인들이 보병을 전쟁의 주요 수단으로 구성한 것은 두 가지 측면에서 합리적인 선택이었다. 우선 고려되어야 할 것이 당시 중무장한 보병들로 구성된 밀집방진보다 더 강력하고 파괴적인 수단은 존재하지 않았다는 것이다. 즉, 전투 효율성이 가장 우수한 병종이 중장보병이었다는 것이다.

중장보병이 구성하는 밀집방진은 인간으로 하여금 전장의 공포를 잊고 끝까지 상대와 대결하기 위해 남아 있게 하는 특성을 지니고 있다. 밀집방진의 특성은 개인과 개인의 간격이 거의 없이 좌우측의 인원들과 밀착하는 것이다. 이렇게 밀착하다 보니 중장보병들은 자신의 방패로 자신의 신체를 가리는 것이 아니라 자신의 좌측 반신과 좌측에 있는 동료의 우측 반신을 가리도록 되어 있었다. 이렇게 밀착함으로 인해 중장보병들은 상대적으로 안도감을 얻을 수 있게 되

그림 1. 중장보병의 무장

었고 거꾸로 도망치려고 하여도 도망치기 어렵게 되었다.

중장보병들이 방진에서 서로 밀집함으로 인해 중요한 전술적인 특징이 나타나게 되었다. 이는 방진의 중심이 오른쪽으로 쏠리게 된 것이다. 방진의 각 구성원이 자신의 오른쪽 반신을 보호받기 위하여 오른쪽에 있는 동료에게 좀 더 밀착하게 되어 결과적으로 방진 전체가 우편향하는 현상이 나타나게 되는 것이다. 이로 인해 방진의 무게 중심이 오른쪽으로 쏠리게 되어 오른쪽 전력이 특히 강력해지게 되었다.[6] 때문에 각각의 방진이 서로 충돌하여 오른쪽이 서로 승리하

---

6   F.E. Adcock, *The Greek And Macedonian War*, Berkeley: University of Califor-

는 경우마저 나타나기도 하였다.

고전기 그리스 시대에 중장보병 이외의 다른 병종이 나타나지 않았던 것은 아니다. 단창을 던지는 인원들과 활을 쏘는 궁수들이 존재하였고 투석병들 역시 존재하였다. 또한, 기병 역시 존재하였다. 기병의 경우 등자가 개발되지 않아 마상에서 제대로 전투력을 발휘하기가 어려웠다. 아울러 말을 구입해야 하기 때문에 상대적으로 부유한 자들이 기병을 선택하는 경우가 많이 있었다. 나머지 경우에는 대부분 무구를 갖추는 데 많은 돈을 필요로 하지 않아 별로 재산이 없는 이들이 선택하였다.

중장보병 이외의 병종을 경보병으로 통칭하여 분류할 수 있다. 중장보병에 비하여 경보병들의 전투 효율성은 그다지 높지 않았다. 비록 펠로폰네소스 전쟁기에 아테네의 데모스테네스(Demosthenes)가 경보병들을 활용하여 스파르타의 중장보병을 상대해 승리를 거둔 적이 있었지만, 경보병이 중장보병을 대신할 만큼 효용성을 인정받지는 못하였다.[7] 이는 그리스 시대의 대표적인 원정 전쟁 기록인『아나바시스』에 용병단이 중장보병으로 구성되었다는 것을 보아 알 수 있다.[8]

---

nia Press, 1957, p.8.

7 Thucydides, *The Peloponnesian war*, 3.98.

8 손경호, 「고전기 그리스에서 나타난 경보병의 발달과 그 한계」,『서양사론』

밀집방진에 군사적 성공을 가져다준 요소는 방호력과 충격력이었다. 이 두 요소는 오늘날 지상전에서 기갑부대가 지닌 요소와 동일하다. 중장보병들이 청동으로 된 투구와 가슴 가리개, 방패, 그리고 정강이 보호대를 착용하면 어지간한 투척 무기는 이들에게 해를 가할 수 없게 된다. 이러한 중장보병의 방호력이 밀집방진을 다른 어떠한 수단보다도 강력한 전쟁의 도구로 자리 잡게 하였다.

밀집방진의 또 다른 중요한 특징의 하나는 방진 전체가 하나의 거대한 무기로 통합되어 위력을 발휘한다는 것이다. 방진 속에 위치해 있는 전투원들은 개인적인 기량으로 전투하는 것이 아니라 후미로부터의 추력에 의해 앞으로 밀려나가는 것이다.[9] 이들이 사용한 장창은 방진의 운동에너지를 살상력으로 바꾸어주는 수단이었다. 중장보병들이 휴대한 칼은 보조수단으로만 활용되었다.

BC 490년에 마라톤에서 벌어진 아테네와 페르시아의 전투는 이러한 중장보병들로 구성된 밀집방진이 얼마나 치명적인 위력을 지니고 있는지 잘 보여주었다. 청동으로 철저하게 무장한 그리스인들이 강력한 운동에너지를 가지고 맨살과 다름없는 복장을 착용한 페르시아인들과 부딪혔을 때 페르시아인들은 많은 사상자를 내고 후퇴

107집, 한국서양사학회, 2010, 44쪽.

9 Victor Davis Hanson, *The Western Way of War*, Berkeley: University of California Press, 1989, p.28.

하였다. 근본적으로 이 전투는 방호력과 충격력을 지닌 집단이 경무장하고 개별적인 교전을 주수단으로 하는 집단과 충돌한 것이었다.[10]

밀집방진이 고전기 그리스인에 의해 주된 군사적 수단으로 고려된 두 번째 이유는 중장보병들이 주로 시민사회의 유산자층이었다는 것이다. 아테네의 경우 사회 제3계층이 주로 중장보병의 대상이 되었는데, 이들은 곡식, 포도주, 올리브유 등의 수확량이 연간 200~300부셸에 이르는 자들이었다.[11] 이들은 자신의 비용으로 무구를 살 수 있는 자들이었으며, 또한 그리스 도시국가 정치에서 중요한 역할을 수행하는 인원들이었다. 결과적으로 정치적으로 중요한 역할을 하는 이들이 자신들의 비용으로 구매한 장비를 착용하고 자신의 국가를 지키기 위해 나섰던 것이다. 이들은 펠로폰네소스 전쟁 시기 부족별로 편성된 명부에 의해 관리되었으며 전쟁이 발발하면 장군들이 명부에서 참전자를 선발하였다.[12]

고전기 그리스에서 시민들은 국가의 중요한 전쟁 주체로 활동했던 것이다. 마키아벨리(Niccolò Machiavelli)는 로마의 군제를 연구하면서 시민이 국가 방어의 주체가 된다는 것에 깊은 감명을 받았다. 마키

---

10 Herodotus, *The Histories*, 6.113.

11 한스 델브뤽, 『병법사』, 민경길 역, 육군사관학교 화랑대연구소, 2006, 49쪽.

12 문혜경, 「고전기 아테네에서 중무장보병의 전시 동원체제」, 『역사와담론』, No. 81, 2017, 281~283쪽.

아벨리가 시민이 방어주체가 되는 것에 매력을 느꼈던 이유는 그 당시 이탈리아의 도시국가들이 용병에 의존하면서 용병들의 무책임함과 무능력함, 그리고 용병들이 쉽게 약탈자로 변하는 위험성을 절감하고 있었기 때문이다.

고전기 그리스인들 역시 용병을 사용하였지만 어디까지나 시민들이 군사력의 주체로 남아 있었다. 후세의 로마인들과 달리 고전기 그리스인들은 보조 병종, 즉 경보병들을 용병으로 충당하였다. 아테네의 경우 전통적으로 크레테 출신의 궁수들을 활용하였다. 그 밖에 로도스의 경우 투석수로 유명하였고 펠트인들은 투창에 능하여 여러 그리스 국가에 고용되어 활약하였다.[13] 이렇게 지역적으로 강한 특색을 가진 경보병들이 그리스의 각 도시국가에 의해 고용되었지만 전투력의 중추인 중장보병은 자국의 시민들로 구성되었다.

중장보병으로 군대를 편성하는 것은 정치적으로 중요한 의미를 지니고 있다. 이는 가장 중요한 전투력을 자국민으로 구성하여 근본적으로 국가의 안보를 자국민의 손으로 확보하려 하였음을 보여준다. 보조 병종에 해당하는 각종 경보병들은 얼마든지 외부인들을 채용하되 그들의 전력은 결코 중장보병으로 이루어진 밀집방진을 당해낼 수 없기에 그리스인들은 병력을 절약하고 동시에 중요한 국가 안보를 자신들이 분명히 담당하는 효과를 달성할 수 있었다.

---

13 John Warry, *Warfare in the Classical World*, Norman: Oklahoma, 2006, p.42.

결전의 추구

고전기 그리스인들은 지상전을 수행하면서 결전(decisive battles)을 추구하였다. 결전을 추구하였다는 것은 결정적인 한 번의 전투로 승부를 확정지었다는 것을 의미한다. 결정적인 전투에는 통상 국가가 지닌 대부분의 전력이 투입되고 이를 위한 수행에 많은 정책적인 노력을 기울이게 된다.

한슨(Victor Davis Hanson)은 그의 저서인 『살육과 문화(*Carnage And Culture*)』에서 서구인들이 자신들의 자유와 자신들의 토지를 지키기 위해 결전을 치르는 경향이 있음을 주장하였다. 특히 그는 그리스-페르시아 전쟁의 예를 들면서 노예적인 제도하에서 강제로 동원되어 왕을 위하여 싸우는 페르시아인들에 비하여 고전기 그리스인들이 자신의 가족들과 농토를 지키고 더욱이 자신의 자유를 지키기 위하여 그리스인들이 결전을 치렀다고 지적하였다.[14]

그의 이러한 주장은 다른 면에서 재고되어야 한다. 사실 한슨의 견해는 서구의 전쟁 명분과 동기를 일방적으로 미화하는 오류를 범하고 있다. 그리고 한슨의 설명은 무산자들이 대거 합류하고 이방인 용병들로 구성된 로마제국의 군대가 결전을 추구하는 이유는 설명할 수 없는 실질적인 한계를 지니고 있다.

---

14 Victor Davis Hanson, *Carnage And Culture*, New York: Anchor Books, 2001, pp.46~51.

고전기 그리스인들이 결전을 추구하는 경향은 다른 면에서 분석되어야 한다. 이는 먼저 밀집방진이 가지고 있는 물리적인 특성에서부터 설명될 수 있다. 밀집방진은 막강한 방호력과 충격력을 가지고 있는 반면, 방진을 구성하고 있는 인원들로 하여금 많은 에너지를 소모하게 만든다. 청동 투구로부터 방패, 그리고 정강이 보호대까지 이루어진 장구는 착용하는 이들을 극도로 피로하게 만든다. 이로 인해 방진에 속해 있는 중장보병들은 상대의 방진이 무너지고 나서 맹렬하게 상대를 추격하는 경우가 드물었으며,[15] 더군다나 몇 번이고 연속적인 전투를 치를 수 있는 여력은 없었다.

방진이 가지고 있는, 에너지가 쉽게 소모되는 특성이 교전국들로 하여금 단 한 번의 전투로 승부를 결정짓게 하였다. 이러한 특성으로 인하여 그리스 국가들 사이의 전쟁은 단기간에 끝났으며 반나절만의 전투로 승패가 결정되기도 하였다. 때문에 고대 그리스 국가들의 원정 역시 장기간의 세월을 필요로 하지 않았다.

위에서 설명한 결전은 한슨이 주장한 결전과는 성격을 달리할 수 있다. 한슨이 의미한 결전은 상대가 완전히 파괴될 때까지 싸우는 결전을 의미하고 있으나 이 글에서 뜻하는 결전은 일회적 교전으로 승부를 결정짓는 것을 의미한다. 즉, 지연전을 하지 않고 조기에 승패를 정한다는 것이다.

---

15 Thucydides, 5.73.3.

중장보병의 밀집방진을 전쟁의 주된 수단으로 사용하던 고전기 그리스 국가들이 단기 결전에서 승리를 추구하는 것은 병력의 주된 구성원이 시민인 것과 관련이 있다. 시민들로 구성된 사회에서 시민 개개인의 생명은 소중하게 다루어져왔다. 오랫동안 지속되는 지연전을 통해 시민을 소진시키는 것은, 곧 사회 그 자체를 소멸시키는 것과 같은 일이었다. 때문에 일단 승패가 정해지면 나머지 시민들은 다시 생업으로 돌아가서 사회를 유지해야 하였다. 이러한 상황 아래에서 자연스럽게 그리스의 도시국가들은 결정적인 전투를 통해 승패를 빠른 시기에 결정짓고자 하였을 것이다.

고전기 그리스 도시국가들의 중장보병이 대부분, 스파르타를 제외하고는, 평상시 생업을 함께해야 하는 시민이었다는 것이 또한 단기 결전을 선호하게 만든 원인으로 판단될 수 있다. 이들은 늘 막사에서 생활하며 고도의 기량을 항상 연마하는 상비군이 아니라 소집이 되고 나서야 전투에 임하는 자들이었다. 이러한 시민들에게 장기간 지속되는 전투를 강요하기는 어려웠다. 그리고 무엇보다도 이들은 농번기가 돌아오면 다시 농사를 지어야 하는 자들이라 근본적으로 동원에 한계를 지니고 있는 자들이었다. 결과적으로 시민들로 구성된 중장보병에게 단기 결전이 여러모로 적합한 전쟁의 형태였던 것이다.

결정적 전투를 선호하는 것은 서양 전략사상의 뿌리 깊은 특징 중의 한 가지이다. 마키아벨리로부터 클라우제비츠, 조미니(Antoine

Henri Baron Jomini), 그리고 독일학파의 여러 군사사상가들은 결정적 전투의 중요성을 강조하고 이에서 승리할 것을 주장하였다. 고전기 그리스인들이 근대 서양의 전략사상가들과 동일하게 결정적인 전투를 선호하였다는 것은 흥미 있는 일이 아닐 수 없다. 두 그룹 사이의 직접적인 관계는 찾기 어렵겠지만 서양의 전략사상가들이 대부분 고대부터의 전쟁사를 연구하여 이론을 개발한 것을 생각하면 고전기 그리스인들의 전쟁 행태가 후세의 전략사상가들에게 영향을 주었을 개연성은 존재할 것으로 생각된다.

3. 해전에서의 전략사상

삼단노선과 아테네의 해운력

고전기 그리스인들이 주로 사용한 해전의 수단은 삼단노선(trireme)으로 구성된 함대였다. 삼단노선은 이 시기 가장 광범위하게 활용되었던 선박으로 기동성과 조종성이 뛰어나 군선으로 사용하기에 적합하였다. 그리스 도시국가들은 삼단노선을 건조하여 함대를 유지하는 데 관심을 기울였으며 다른 국가들의 함대를 견제하며 우위를 유지하고자 하였다.

함대 건설에 가장 적극적이었던 국가는 아테네였다. 몸속에 피 대신 소금물이 흐른다고 일컬어진 아테네인들이 해상 무역을 통하여 부를 축적하면서 자연스럽게 자신들의 해상 활동을 보호할 해군에 대하여 관심을 가졌던 것이다. 뿐만 아니라 해운에 종사하는 많은 인구가 자연스럽게 함선 건조나 선박 운항 등에 활용되어 비교적 용이하게 함대를 건설하고 운용하는 기반이 되었다. 해양전략가인 마한(Alfred T. Mahan)이 주장한 대로 아테네에는 해상 활동과 관련된 인력이 많아서 자연스럽게 해양국가로 발전한 것이다.

아테네는 사실 그리스-페르시아 전쟁의 영향으로 해군에 본격적인 관심을 기울이기 시작하였다. 페르시아군의 3차 침입을 앞두고 데미스토클레스(Demistocles)는 그리스가 페르시아의 거대한 지상군을 상대로 마라톤에서의 승리와 같은 승리를 더 이상 거둘 수 없다는 것을 간파하고 해군에 주력할 것을 호소하였다.[16] 마침 그리스인들은 라우리움에서 발견된 거대한 은광을 활용하여 재원을 조달하면서 함대를 건설하여 페르시아군을 살라미스에서 대파하였던 것이다.

그리스-페르시아 전쟁 이후 아테네인들은 함대의 필요성을 잘 인지하고 이를 전략적으로 관리하여왔다. 아테네는 동맹국들로 하여금 삼단노선을 건조하여 아테네에 제공하도록 요구하였다. 아테네인들이 펠로폰네소스 전쟁을 시작하게 된 계기 중 한 가지가 케르키라가 보유하고 있던 함대가 상대방 진영에 합류하는 것을 막고 자국

---

16 Herodotus, 7.143~7.144.

그림 2. 복원한 삼단노선
출처 : https : //en.wikipedia.org/wiki/Trireme (검색일 : 2020.2.1.)

함대와 연합하고자 한 것이었을 정도로[17] 아테네인들은 함대의 가치
를 충분히 파악하고 이를 관리하고자 많은 노력을 기울였다.

아테네인들이 함대와 해운에 대하여 가진 관심은 항구인 피레우스
와 아테네를 연결한 방벽을 건설한 것에서 잘 나타났다. 이를 통해
아테네인들은 안정적으로 해상 활동을 하여 국가의 경제를 유지하
며 아울러 함대를 보호하여 자신의 의도대로 활용하고자 하였다. 아
테네인들이 방벽으로 보호된 피레우스를 유지하는 한 그들은 언제

---

17 Thucydides, 2.33.2.

든지 필요에 따라 함대를 운용할 수 있었다. 결과적으로 피레우스는 해상전력을 운용하기 위해 건설된 전략적인 자산이었다.

함대를 운용하는 인원은 밀집방진을 구성하는 인원보다는 다양한 계층으로 구성되었다. 밀집방진이 무구를 자비로 구입할 수 있는 시민들로 구성된 것에 비해 함대는 이러한 시민들을 포함하여 노잡이 역할을 수행한 하층민들과 전문적인 항해 기술자들로 구성되었다.[18] 이는 선박이 동력, 항해, 유지보수 등 복합적인 노력에 의해 운용되는 특징에 기인한 것이다.

함대에 있어서 시민들의 역할은 상대적으로 제한되었다. 중장보병들이 삼단노선에 열 명씩 승선하였지만 이들이 함대의 주 전투력은 아니었다. 함대에 소속된 중장보병의 역할은 선박을 보호하며 제한적으로 발생하는 선상 전투를 수행하는 것이었다. 기본적으로 그들의 둔중한 무장 자체가 해상에서 활동하기에 적합한 복장이 아니었다.

함대가 지닌 주된 무기체계는 선박의 충격력이었다. 삼단노선의 앞부분에 돌출된 충각을 활용하여 상대의 선박에 타격을 가하여 상대가 침몰하도록 하는 것이 주된 전투 방법이었다. 때로는 이것이

---

18 아테네의 삼단노선에는 배 한 척당 보통 200명의 선원이 승선하였다. 170명의 노잡이, 10명의 수병, 4명의 궁수, 16명의 노잡이장, 사무장, 2명의 키잡이, 뱃머리 망꾼, 선공, 파이퍼, 돛 담당 선원 등 하급 관리와 잡급 선원들이 그 구성원이며, 또한 함장이 승선하였다. 베리 스트라우스, 『세계의 역사를 바꾼 전쟁 살라미스 해전』, 이순호 역, 갈라파고스, 2004, 15쪽.

군사사의 관점에서 본 펠로폰네소스 전쟁

용이하지 않을 경우 먼저 선박의 건현을 이용하여 상대방 선박의 노를 부러뜨려 기동성을 떨어뜨린 후, 충각으로 상대의 선박에 구멍을 내어 침몰시키기도 하였다.[19]

충각을 활용하는 데는 고도의 조타술이 필요하였다. 충각은 보통 목재로 제작되며 선수보다 돌출된 형태로 만들어졌는데 충각을 보호하고 파괴 효과를 높이기 위해 보통 다양한 형태의 단면을 지닌 청동제의 충각 보호대가 덧씌워졌다. 상식적으로 충격 효과를 높이려면 돌격 시의 속도를 높이면 된다. 그러나 여기에는 중요한 함정이 있는데 만일 지나치게 속도가 높으면 상대의 측면에 충격을 가한 후 빠져나올 수 없게 된다. 이 경우 적에게 좋은 표적이 될 수 있다. 이러한 이유로 삼단노선의 선장들은 돌격 직전에는 일부러 속도를 줄였다.[20]

당시 해상 전투에서는 상대방 선박의 측면을 포착하고 어떠한 경우에도 상대에게 아측의 측면을 노출시키지 않는 것이 중요한 과제였다. 이 때문에 해상 전투에서는 여러 가지 진형을 구성하고 이를 자유자재로 바꾸어가며 운용할 줄 아는 능력이 요구되었다. 아테네 해군이 즐겨 활용하였던 방법은 4척의 함선이 1개 팀이 되어 선두 함정이 상대 함정의 노를 부러뜨리거나 측면을 받아 공격하면 나머

---

19 기우셉 피오라반조, 『세계사 속의 해전』, 조덕현 역, 신서원, 2006, 90쪽.

20 베리 스트라우스, 앞의 책, 276쪽.

지 함정들이 이를 완전히 무력화시키는 전술이었다.[21]

해상 전투의 주요 수단인 함대를 관리하는 것은 또 다른 중요한 문제였다. 삼단노선은 주로 연안을 따라 항해하였으며 야간에 항해하는 것이 제한되어 주로 야간에는 육지에 끌어올려놓고 선원들은 육지에서 야영하였다. 삼단노선의 공간이 비좁은 관계로 선박 안에는 충분한 식수와 식량을 비치할 수가 없었다. 또한 주기적으로 배를 육지에 올려놓고 햇빛에 건조시켜야 했다.[22]

삼단노선으로 구성된 함대는 평소 해운에 종사하는 인력과 필요한 설비가 잘 갖추어진 곳에서만 효율적으로 유지되고 운용될 수 있었다. 삼단노선은 단기간에 건조될 수 있어도 이를 운용할 풍부한 경험을 갖춘 인력은 쉽게 충원될 수 있는 것이 아니었다. 삼단노선이 구사하는 충격 전술은 선장으로부터 노잡이에 이르기까지 까다로운 절차들을 집단적으로 정확히 이행하여야만 효과를 발휘할 수 있는 복잡한 성질의 기술이었다. 숙련된 해운 인력이 있어야만 이러한 전술들이 제대로 수행될 수 있었다.

아울러 함대는 항상 유지되어야 하고 관리되어야 한다. 중장보병들은 필요에 의해 소집되었던 반면 함대는 항상 유지되어야 했다. 그렇지 않으면 함대는 선박 관리나 인력 관리에 많은 문제가 생

---

21 전윤재 · 서상규, 『전투함과 항재자의 해군사』, 군사연구, 2009, 33쪽.

22 위의 책, 39~41쪽.

거 제 기능을 발휘하지 못하게 된다. 때문에 국가는 함대를 유지하기 위하여 별도의 기금으로 노잡이나 다른 고용인들을 고용하고 급료를 지불하였다. 이러한 여러 가지 특성으로 인하여 결국 아테네와 같이 해운을 활발하게 하던 국가에서 함대를 조직하고 운영하였던 것이다. 펠로폰네소스 전쟁에 앞서 아테네인들은 300척의 삼단노선을 준비하였는데 이는 그리스-페르시아 전쟁에서 그리스 연맹이 동원한 총 함정과 동일한 수치이다.[23]

아테네의 해군력 운용

고전기 그리스인들이 해군력을 운용하는 방식은 크게 두 가지로 이해될 수 있다. 첫째는 함대결전으로 그리스-페르시아 전쟁에서 그리스인들이 페르시아 함대를 격파한 것에서 드러난다. 또 다른 한 가지는 지상전과 연계하여 함대를 운용하는 것이다. 이는 1차 펠로폰네소스 전쟁 시기 톨로미데스(Tolomides)에 의해 개발되어 페리클레스가 펠로폰네소스측의 아티카 공격에 대항하여 사용한 방식이다. 페리클레스는 스파르타와 무모하게 지상에서 대결하는 대신 공격을 받으면 방벽 안에 시민들을 수용하고 불규칙하게 펠로폰네소스반도를 습격하였다.

---

23 Thucydides, 6.13.8.

함대결전에는 통상 대부분의 함대 세력들이 투입된다. 함대결전은 제해권을 획득하기 위하여 수행되는데, 제해권은 자신의 함대에게 해상에서 독점적인 행동의 자유를 보장한다. 역설적으로 함대결전에서 패하면 해상에서의 행동의 자유는 상실된다. 이러한 함대결전에 대한 부담으로 인하여 추구되는 또 다른 전략으로 현존함대(Fleet-in-Being) 전략이 있다. 이는 함대가 적어도 존재하는 것으로 상대에게 위협을 주고 상대의 행동에 영향을 미치는 전략이다.

그리스인들은 그리스-페르시아 전쟁에서 페르시아군의 주력함대에 가용한 모든 자산을 투입하여 결전을 추구하였다. 그리스인들은 페르시아군의 보급을 차단하는 것이 중요한 전략적 과제였기 때문에 그 수단이 되는 페르시아 함대를 우선 격파하여야 했으며 이를 달성할 수 있는 방법은 그리스 함대의 전력을 투입하여 결전을 치르는 것이었다.

펠로폰네소스 전쟁의 마지막 단계인 스파르타와 아테네의 해전에서 또 한 번 함대결전이 수행되었다. 스파르타인들은 아테네를 굴복시키기 위해서는 아테네의 함대를 격파하는 것이 중요함을 간파하고 아이고스포타미에서 결전을 시도하였다. 아테네인들이 본래 해전에 능하였지만 스파르타 역시 함대를 보강하였고 유능한 지휘관 리산드로스(Lysandros)의 활약으로 아테네의 함대를 제압할 수 있었다.[24]

---

24 도널드 케이건, 『펠로폰네소스 전쟁사』, 허승일 · 박재욱 역, 까치, 2007,

BC 405년 아이고스포타미에서의 결전은 스파르타인들이 함대결전을 분명하게 이해하고 있었음을 보여준다. 펠로폰네소스 전쟁 초반기 스파르타인들은 해양국가인 아테네를 지상전으로 상대하는 데 한계를 느껴왔다. 아테네인들이 방벽 안에 웅거하고 그들에게 함대가 남아 있는 한 펠로폰네소스 동맹이 아티카 지방을 유린하는 것이 별 효용이 없었기 때문이다. 뿐만 아니라 아테네인들은 수시로 함대를 이용하여 보복 작전을 수행하였고 이를 통해 필로스에서 스파르타인들을 사로잡아 강화조약을 맺기도 하였다. 또한, 아테네인들은 1년 전에도 함대를 급속히 확충하여 아르기누사이 해전에서 승리를 거두었던 것이다. 스파르타는 아테네를 상대해오며 함대결전의 필요성을 인지하게 되었다.

　　해양 전력을 지상전과 연계하여 사용하는 방식도 아테네인들에 의하여 연구되었다. 톨로미데스는 1차 펠로폰네소스 전쟁이 진행되는 동안 아테네인들에게 11,000명의 중장보병을 주면 스파르타의 영토를 황폐케 하고 그들이 가진 명성을 흔들어버리겠노라고 장담하였다.[25] 그는 50척의 삼단노선 함대에 4,000명의 중장보병을 승선시켜 스파르타의 메톤(Methonê)을 점령하였다. 페리클레스는 이러한 그의

546~550쪽.

25　Diodorus, XI.84, http://penelpoe.uchicago.edu/Thayer/E/Roman/Texts/Diodorus_Siculus/ 11C*.html (검색일: 2019. 4. 23.).

방식에 주목하였다. 그는 중장보병에 의한 밀집방진으로는 스파르타를 주축으로 한 펠로폰네소스 동맹과 대결할 수 없다는 것을 자각하고 당시 전혀 새로운 방식의 전쟁을 제안하였다.[26] 이는 방벽 속으로 아테네인들을 옮기고 농성하는 것이었다. 펠로폰네소스 동맹에 의해 자신들의 가옥과 토지가 유린당하겠지만 결정적 전투를 속성으로 하는 지상전에 뛰어들어서 한순간에 패배를 당하는 사태를 피하고자 한 것이었다. 대신 페리클레스는 함대를 이용하여 펠로폰네소스반도를 습격하는 보복전을 계획하였다.[27]

페리클레스의 계획은 두 가지 측면에서 중요한 의의를 가지고 있었다. 우선 그의 계획은 아테네의 생존을 보장해줄 수 있는 계획이었다. 아테네의 함대가 건재하고 상선들이 식량과 다른 물자들을 수송해 올 수 있으면 아테네는 방벽 안에서 얼마든지 생존할 가능성이 있는 것이다. 그러나 아테네가 지상 전투에 모든 국력을 투입하였다가 패배한다면 아테네는 순식간에 모든 것을 잃어버릴 가능성이 있었다.

두 번째로 페리클레스는 해양 전력의 가치를 새로운 측면에서 이해하고 이를 활용하고자 하였다. 그가 처음에 계획하였던 것은 단순

---

26 Thucydides, 5.141~5.142.

27 페리클레스의 전략에 의한 해군력 운용은 손경호, 「펠로폰네소스 전쟁기 페리클레스의 전략에 관한 고찰」, 『서양사학연구』 21집, 2009 참조.

한 보복 작전이었는데, 그는 자신의 방식대로 할 경우 언젠가 전세를 역전시킬 수 있는 기회가 올 것으로 기대하였다. 페리클레스는 단순히 해양 전력을 함대결전으로만 사용하지 않고 지상전과 연결하여 지상 전력을 위주로 한 국가들에게 강제력을 행사하고자 한 것이다.

페리클레스의 기대는 몇 년이 가지 않아서 현실로 이루어졌다. 펠로폰네소스 전쟁 이후 아테네인들은 자신들의 영토가 유린당할 때마다 보복 작전을 수행하여왔는데 데모스테네스가 스파르타에 인접한 중요한 지역인 필로스에 기습적으로 상륙하여 요새를 건설한 것이다. 스파르타는 이에 당황하게 되었고 대처하는 와중에 정예 전투원들이 포로가 되는 사태가 발생하였다. 결국, 이것이 계기가 되어 펠로폰네소스 전쟁 개시 후 처음으로 양측 간에 강화가 성립된 것이다.[28]

페리클레스 이전 시기까지만 하더라도 해상 전력과 지상 전력은 쉽게 연결되어 운용되지 않았다. 페리클레스는 해상 전력과 지상 전력을 보존하는 한편 지상 전력을 선박에 승선시켜 보복성 강습을 위해 사용하고자 하였다. 페리클레스의 이러한 아이디어가 데모스테네스에 의해서 해양력의 투사 형태로 한 걸음 더 발전하게 되었던 것이다.

---

28 Thucydides, 4.17~4.31.

4. 고전기 그리스 군사전략의 정리

고전기 그리스 시대에 국가방위를 위한 중요한 전략사상들이 발달하였던 것을 알 수 있다. 그리스인들은 지상과 해상에서 각각 전쟁의 중요한 수단으로 중장보병에 의한 밀집방진과 삼단노선으로 구성된 함대를 운용하였고 이를 위한 운용 개념을 발달시켰다. 지상전을 수행하는 개념으로 그리스인들은 결정적 전투, 즉 결전을 활용하였고 해상에서는 함대결전과 해상 전력을 지상전과 연계시키는 방안을 활용하였다.

그리스인들이 선택한 전략사상은 그리스 사회의 현실과 직접적인 연관성을 가지고 있었다. 밀집방진이 사회의 주요 구성원인 시민으로 충원되어 있다는 연유로 그리스 국가들은 장기간에 걸친 소모전을 수행하기보다는 단기 결전으로 승부를 내기 원하였고 시민들 역시 농번기 전에는 다시 고향으로 돌아가야 하였다. 해상 전력은 해운이 발달한 국가에서 보다 용이하게 창출되었고 효과적으로 운용되었다.

고전기 그리스인들의 전략사상은 근대에 들어서면서부터 체계화된 서양의 전략사상과 그 맥이 닿아 있다. 마키아벨리는 국가의 방어를 담당해야 할 주체로 민병대로 활용되는 시민을 제안하였으며, 로마의 전투를 연구하고 나서 보병에 의한 전투에서 승리하는 것이 중요하다고 주장하였다. 시민에 의한 방어와 결정적인 전투에서 승리하는 것은 클라우제비츠에 의해서도 다시금 강조되었다. 그는 프랑스 혁명군이 지니고 있던 파괴력을 체험하고 전쟁에 대한 열정을 제공하는 국민들이 군대의 구성원이 되어야 한다고 주장하였는데, 이미 당시의 독일인들은 마키아벨리가 제기한 이 내용을 광범위하게 이해하고 있었다.

마키아벨리를 비롯한 서양의 주요한 전략사상가들이 고대 로마와 그리스의 전쟁을 연구하여 이론들을 개발하고 정립한 것은 주지의 사실이다. 이러한 측면에서 볼 때 고전기 그리스인들의 전략사상이 근대 유럽의 전략사상가들의 사상과 통하는 것은 자연스러운 것으로 받아들여질 수 있다. 최근에도 많은 연구가들이 고전기 그리스의 사례를 분석하며 예방공격 전략의 사례들을 연구하여 발표하고 있다.

이제는 고전기 그리스인들에게 전략사상의 영역에서 합당한 지위를 부여할 시기가 되었다. 그리스인들의 이름으로 그들이 지상전과 해전에서 밀집방진과 함대를 이용하여 결전을 추구한 것을 전략사상으로 정립시켜주어야 한다. 고전기 그리스인들이 비록 자신들의 사상을 정연하게 정리하여 규정해놓은 것은 충분히 전해지지 않지만 당시 그리스인들이 주로 수행하여온 전쟁의 행태를 정리하여보았을 때 충분히 그러한 작업이 타당함을 함께 살펴보았다. 결국 많은 학문과 예술의 영역에서와 마찬가지로 고전기 그리스인들이 전략사상 분야에서도 발달의 맹아를 틔웠음을 확인하게 된다.

제2장

1차 펠로폰네소스 전쟁

1차 펠로폰네소스 전쟁[1]

1. 1차 펠로폰네소스 전쟁의 정체

펠로폰네소스 전쟁 이전에 발생한 제1차 펠로폰네소스 전쟁은 거의 연구자들의 주목을 받지 못하였다.[2] 사실 페르시아의 침공을 격퇴한 그리스 세계에서 펠로폰네소스 전쟁이 발발하기 이전까지 발생한 그리스 사회의 소규모 분쟁을 제1차 펠로폰네소스 전쟁으로 부른다는 것조차 제대로 알려지지 않았다. 제1차 전쟁 역시 아테네를 중

1   이 장은 『한국군사』 No. 5, 2019에 「제1차 펠로폰네소스 전쟁에 관한 고찰」로 게재된 논문을 보완하였음.

2   본서에서는 제1차 펠로폰네소스 전쟁과 구분하기 위하여 제2차 펠로폰네소스 전쟁이라는 명칭을 별도로 사용하지 않고 국내에서 일반적으로 통용되는 펠로폰네소스 전쟁을 사용하기로 한다.

심으로 한 델로스 동맹과 스파르타를 중심으로 한 펠로폰네소스 동맹이 서로 격돌한 전쟁이었으며, 상당히 오랜 시간 동안 크고 작은 충돌이 15년 이상 지속하였다. 또한, 제1차 전쟁은 후속될 펠로폰네소스 전쟁이 발생할 여러 조건을 배태하는 역할을 하였다. 전쟁을 거치면서 아테네는 적극적인 행보를 통해 그리스 세계의 양대 맹주로 분명히 자리매김하였으며 데미스토클레스(Demistocles)가 시작하였던 피레우스와 아테네를 연결하는 성벽을 완벽하게 보완하였다. 이러한 일들로 인해 아테네에 대한 펠로폰네소스 측의 공포가 더욱 커졌다.

제1차 펠로폰네소스 전쟁만을 다룬 연구는 희박하다. 특히 국내에서 이를 군사사적인 관점에서 집중적으로 고찰한 연구는 전무하다. 국외의 연구는 15년에 달하는 모든 기간을 군사사적 관점에 따른 독립된 전쟁으로 다루기보다는 이집트 원정, 키프로스 원정, 페르시아와의 조약 등 중요한 사안을 집중적으로 다룬 연구가 주류를 형성하고 있다. 아울러 유달리 투키디데스가 이 시기에 대한 설명을 개략적으로 마쳤기에 전반적인 역사적 사건의 순서를 정리하는 연구도 상당수 존재한다.[3] 키프로스 공략 등 일부 사건의 발생 시기는 아직 확정되지 않아 이에 관한 연구도 계속되고 있다. 또한 칼리아

---

3 대표적인 예로 Ron K. Unz, "The Chronology of the Pentekontaetia", *The Classical Quarterly*, Vol. 36, No. 1, 1986, pp.68~85가 있다.

스(Kallias) 강화조약 등 다른 역사가들의 저술에는 기록되었으나 투키디데스가 언급하지 않은 내용도 있어 이의 진위를 가리는 작업 역시 계속되고 있다.

제1차 펠로폰네소스 전쟁은 근본적으로 그동안 페르시아와의 대결을 위해 협력해왔던 아테네와 스파르타가 서로 격돌하였다는 데 그 의미가 있다. 그리스 세계에 존재해왔던 델로스 동맹과 펠로폰네소스 동맹이 본격적으로 대립하였으며 각각의 맹주인 아테네와 스파르타가 군사적 대결을 불사한 것이다. 이 전쟁은 15년간 지속하였으나 실질적인 분쟁은 간헐적으로 이루어졌다. 전쟁이 치러진 주요 지역은 보이오티아(Boeotia) 지역과 에게해 일대이다. 한편 제1차 펠로폰네소스 전쟁의 상당한 기간 동안 아테네는 페르시아에 반란을 일으킨 리비아에 대규모 군사원조를 하였다. 약 200척의 함대가 이집트 해역에 파견되어 장기간 페르시아군과 대치한 것이다. 결국 이 전쟁의 특징은 아테네가 이집트에서 대규모 원정 작전을 수행하면서 동시에 그리스에서도 군사작전을 전개한 것이다.

제1차 펠로폰네소스 전쟁의 과정은 두 국면으로 나누어 볼 수 있다. 일반적으로 이 전쟁의 기간을 BC 460년부터 446~445년, 즉 30년 평화조약이 체결된 해까지로 판단한다. 그 가운데 고강도의 분쟁이 타나그라(Tanagra) 전투를 기점으로 BC 457년까지 발생하였으므로 BC 460년부터 BC 457년까지의 시기를 1단계로 구분할 수 있다. 이어서 전쟁은 소강상태에 접어들었다가 아테네와 스파르타가

5년간 휴전을 체결하였으며, BC 447년 보이오티아 지방에서 소규모 분쟁 끝에 스파르타군이 아티카(Attica)를 침공하였다. 이 시기를 두 번째 국면으로 인식할 수 있다. 첫 국면에서 아테네는 두 곳의 전역(campaign)에서 왕성한 군사작전을 전개하였으며 적절한 수준의 전승을 거두었고, 아테네의 부상에 대하여 스파르타가 공포를 갖게 되었다. 그러나 두 번째 국면에서 아테네는 이집트 원정에서 재앙적인 패배를 겪게 되었고 이를 만회하기 위한 대대적인 노력을 기울인다. 이 기간에 아테네는 페르시아를 견제하는 데 성공하고 30년 평화조약을 통하여 패권을 인정받는다.

2. 아테네의 부상과 스파르타의 공포

균열의 시작

투키디데스의 설명에 의하면 아테네와 스파르타의 갈등이 공식적으로 표출되기 시작한 것은 타소스(Tasos) 반란부터였다. 델로스 동맹의 일원이던 타소스에서 아테네의 경제적 수탈에 대한 불만이 팽배하였고, 이를 계기로 동맹으로부터의 탈퇴를 선포하였다. 이 과정 가운데 타소스는 스파르타에 지원을 요청하여 아티카에 대한 원정을 의뢰하였다. 스파르타는 이를 받아들여 실제 원정을 감행할 작정이었다.[4] 아테네에 대한 경계심과 불편함이 있다고 하더라도 실제 아테네에 대한 공격을 수행하는 것과는 별개의 문제일 수 있다. 그런데 스파르타는 이미 이 시기에 아테네를 향한 적대행위를 감행하려고 하였다. 그것도 아테네가 주도하는 동맹의 내부 갈등에 관여하려고 한 것이었다. 이는 스파르타가 아테네 주도의 델로스 동맹에 대한 심각한 부담을 느끼고 있었으며 이를 와해시키는 것을 중요한 목표로 가지고 있었음을 보여준다.

실제로 아티카 지방에 대한 스파르타의 원정은 시행되지 않았다. 이 시기에 펠로폰네소스반도에 거대한 지진이 발생하여 도시 전체가 심각하게 파괴되었기 때문이다. 여기에 그동안 스파르타에서 억눌려 지내던 국가 농노인 헬롯들이 지진을 틈타 반란을 일으켜 스파르타가 도저히 원정을 감행할 수 없게 되었다. 스파르타의 전사들이 많은 수[5]의 헬롯을 상대하여 간신히 반란군을 이토메(Ithome)산으로 몰아넣었으나 그 이상 진압이 불가능하게 되어 주변의 그리스 국가에 지원을 요청하는 상황에 이르기까지 하였다. 스파르타로서는 대단히 곤란한 상황에 처하게 된 것이다. 공교롭게도 아테네 역시 스파르타의 지원 요청을 받아들여 친스파르타 인사인 키몬(Cimon)이

---

4 Thucydides, *The Peloponnesian war*, I.101.

5 헬롯의 인구비는 스파르타 자유민의 16배이다. 군사 분야에만 종사하는 자유민 성인 남성이 약 1만 명이었다.

지휘하여 4,000명의 중장보병으로 구성된 지원부대를 파견하였다.[6]

이러한 상황 가운데 스파르타 측에서 쉽게 이해될 수 없는 외교적 결례를 범하였다. 스파르타의 감독관들이 아테네군의 회군을 요청한 것이다. 평상시 헬롯을 억제하는 것을 핵심적인 안전보장 과제로 인식하여온 스파르타인들은 자유로운 성향의 아테네인들이 진주해온 것을 순수한 호의로 받아들이지 못하고 아테네인들이 헬롯을 선동할 수 있다고 의심하였다. 더군다나 직전의 대지진을 틈탄 헬롯의 반란을 마주한 상황에서 스파르타인들은 자신들의 의심을 확신하게 되었고 마침내 아테네인들에게 돌아갈 것을 요청한 것이다.[7] 키몬과 그의 부하들은 어쩔 수 없이 아무런 역할도 못 하고 본국으로 돌아가게 되었고 그로 인해 아테네인들이 스파르타에 분노하게 되었으며 이는 종국에는 키몬에 대한 도편추방으로 이어졌다.

갈등의 표출

BC 460년에 아테네는 이집트에 델로스 동맹으로 구성된 200척 함대 규모의 원정군을 파견하였다. 리비아의 왕 이나로스(Inaros)가 이집트인들로 하여금 반란을 일으키게 하여 이 지역을 지배하던 페르시

---

6 Thucydides, I.102.

7 Thucydides, I.102.

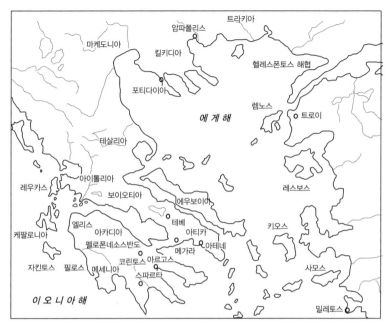

그림 3. 고전기 그리스 세계

아 대신 지배자가 되고자 아테네에 지원을 요청하였기 때문이다.[8] BC 460년부터 459년 사이에 아테네는 코린토스(Corinth)와 에피다우로스(Epidaurus) 연합군에게 할리아이(Halieis)에서 패배하였다. 투키디데스의 기록에 의하면 할리아이에 상륙한 아테네인들이 코린토스·에피다우로스 연합군과 전투를 벌여 패배하였다. 그러나 이후 케크뤼팔레

---

8   Thucydides, I.104.1.

이아(Cecryphalia)섬 앞에서 재차 충돌이 발생하였는데 이 해전에서 아테네가 승리하였다. 그 후 아테네는 아이기나(Aegina)와 갈등을 일으켜 아이기나를 비롯한 펠로폰네소스 동맹 해군과 사로닉만(Saronic Gulf)에서 벌어진 대결에서 승리를 점하였다. 아테네는 승세를 몰아 아이기나에 상륙하였고 도시를 포위하였다. 아테네가 아이기나를 포위하자 펠로폰네소스 동맹 측은 이를 심각하게 받아들였다.

이듬해인 BC 459년에 코린토스와 메가라(Megara) 사이에 국경 문제로 분쟁이 발생하였다. 두 나라 모두 스파르타의 동맹국이었는데 메가라가 스파르타에 해결을 요청하였으나 아무런 반응이 없자 아테네에 지원을 요청하였다. 메가라는 아테네에 중요한 지형적인 이점을 제공할 수 있는 지정학적인 요건을 갖추고 있었다. 펠로폰네소스 반도에서 아티카로 진출하기 위해서는 메가라를 통과하여야 했기 때문이다. 아테네는 당시 이집트에 대규모 원정대를 파견해놓았지만 아이기나를 포위한 상황인지라 정예 병력을 보내지 못하였고 노병들로 편성한 부대를 보내었다. 코린토스 측은 처음에 이 부대를 손쉽게 제압할 수 있을 것으로 생각하였으나 그렇지 못하였다. 결국, 양쪽이 비등한 가운데 아테네 부대가 끝까지 버티어서 승리의 트로피를 세웠고, 12일 후 코린토스군이 돌아와 트로피를 세우려고 하다가 아테네군의 습격에 걸려 많은 수의 병사들이 몰살당하고 말았다.[9] 결과적

---

9   Thucydides, I.105~106.

으로 메가라는 아테네와의 동맹에 가담하게 되었고 아테네는 메가라에서 니사이아(Nisaea)항에 이르는 성벽을 쌓고 자국의 병력을 주둔시켰다. 이로 인해 코린토스는 아테네에 분노하게 되었다.[10]

BC 458년에 보이오티아 지방에 자리하고 있는 포키스(Phocis)와 도리스(Doris) 사이에 분쟁이 발생하였다. 도리스는 스파르타와 태생적으로 밀접한 관계가 있는 국가였다. 과거에 스파르타인들이 도리스에서 남하하여 펠로폰네소스에 정착하였기 때문이다. 이러한 관계로 인해 포키스와 도리스의 대결에 자연스럽게 스파르타가 관여하게 되었다. 스파르타는 초반부터 도리스를 지원하여 승리를 거두었다. 문제는 1,500명에 달하는 스파르타군이 복귀하려고 하는 시점에 아테네군에 의해 퇴로가 차단된 것이다. 육로인 게라네이아고원은 아테네가 메가라와 페가이(Pegai)를 장악한 바람에 사용할 수 없었고 크리사만을 지나는 해로 역시 아테네 함대의 위협을 받고 있었다.[11] 상황이 이렇게 전개되는 가운데 스파르타군을 지휘하였던 니코메데스(Nicomedes)는 상황을 타개하기 위하여 거꾸로 보이오티아 내륙으로 진격하였고 아테네가 이에 맞설 수밖에 없게 되었다.

아테네와 스파르타군은 타나그라(Tanagra)에서 대결하게 되었다. 아테네는 스파르타에서 자국군이 수치스럽게 회군한 이후 지역의 강

10　Thucydides, I.103.

11　Thucydides, I.107.

그림 4. 아티카와 펠로폰네소스반도 일대

자인 아르고스(Argos)와 동맹을 체결하였기에 아르고스군의 지원을
받을 수 있었으며, 테살리아의 기병을 동원할 수 있었다. 아테네는
거의 전 병력인 13,000명의 중장보병과 아르고스의 지원병 1,000명
을 포함한 14,000명의 병력을 동원하였다. 이에 대해 펠로폰네소스
동맹이 동원한 병력은 스파르타군을 합쳐 11,500명에 달하였다. 전
투 결과 양측이 많은 손실을 입었으나 스파르타군이 승리하였으며,
결과적으로 스파르타군은 메가라를 통해 본국으로 무사히 복귀할
수 있었다.[12]

---

12 Thucydides, I.108.

타나그라 전투에 대해서는 추가적인 연구가 필요하다. 투키디데스가 전투의 동기에 대해서 충분히 설명하지 않았기 때문이다. 실제 타나그라는 포키스와 도리스를 연하는 지점에서 벗어나 있다. 스파르타군이 군이 이 지역으로 이동하여 전투를 벌인 것이다. 또한, 아테네가 당시 보유하고 있던 거의 대부분의 병력을 동원한 것과 스파르타군의 퇴로를 차단한 것 역시 이례적이다. 아울러 스파르타가 전투에 승리하고서도 추가적인 행동 없이 곧장 복귀한 것이나 아테네가 타나그라에서 패배하였음에도 62일 이후에는 보이오티아에서 적극적인 공세에 나선 것은 이해하기 힘든 일이다.

이 사건을 연구해온 플랜트(I.M. Plant)는 투키디데스가 사건의 전말보다는 아테네와 스파르타간의 상호작용에 중점을 두고 전투를 설명하였다고 주장하였다. 그에 의하면 투키디데스는 당시 코린토스인들이 묘사한 국가적인 성격대로 아테네는 늘 적극적이고 두려움을 모르며 기회를 놓치지 않으려는 데 비해 스파르타인들은 항상 아이디어가 부족하며 결정적인 행동을 취할 줄 모르고 늘 부정적인 상황을 염려하였음을 설명하려 하였다.[13] 그의 설명대로 전투에 이기고서도 곧 고국으로 돌아간 스파르타와 전투에 지고서도 마치 승리

---

13 I.M. Plant, "The Battle of Tanagra: A Spartan Initiative?", *Historia: Zeitschrift für Alte Geschichte*, Bd. 43, H. (3rd Qtr., 1994), p.262, https://www.jstor.org/stable/4436332(검색일: 2019. 4. 25.).

한 것처럼 보이오티아를 휩쓴 아테네가 극명하게 대비되었다. 연구자들은 이 시기에 스파르타가 보이오티아에서 아테네와 대립 관계에 있던 테베(Thebe)를 지원하고 테베의 세력권을 확립하려고 하였다고 주장하고 있다.[14] 하지만 승리 이후에 스파르타는 테베에 대한 특별한 지원 행동 없이 복귀하였다.

투키디데스의 의도와는 별도로 타나그라 전투를 통해 당시 그리스 세계의 국제관계를 확인할 수 있다. 제1차 펠로폰네소스 전쟁의 초기에 해당하는 이 시기에 아테네는 이미 펠로폰네소스 동맹에게 위험스러운 존재가 되어 있었다. 아테네는 코린토스와 메가라가 분쟁을 시작하였을 때 메가라의 지원 요청을 받아들이고 메가라에 군대를 주둔시킨 것은 물론 코린토만의 페가이에 군항을 설치하였다. 아테네의 행위는 펠로폰네소스 동맹을 잠식하고 위협하는 것이었다. 이러한 상황에서 아테네는 펠로폰네소스 동맹의 가맹국인 아이기나에 상륙하여 도시를 포위하였다. 스파르타는 아테네를 제어할 무엇인가를 하지 않으면 동맹의 맹주로서 위신을 유지할 수 없는 처지였다. 이 때문에 스파르타는 보이오티아에 출병하였고 아테네와 대결하였다. 흥미롭게도 투키디데스는 당시 스파르타 원정군이 아테네 내부의 불만 세력

---

14 Ibid., p.268; D. Kagan, *The Outbreak of the Peloponnesian War*, Ithaka · London: Cornell University Press, 1989, pp.88~95.

과 결탁하여 민주정부를 전복시키려고 하였다고 기록하였다.[15] 결국, 스파르타의 진의는 아테네를 제어하는 것이었다.

아테네의 부상

아테네의 부상은 사실 200척의 함대를 이집트에 파견한 것을 통하여 잘 드러난다. 아테네는 BC 460년 자국의 함대와 동맹의 함대 200척을 페르시아의 지배에 저항하는 리비아의 이나로스(Inaros)를 지원하기 위해 파견하였다. 이 원정이 장기간에 걸쳐 진행된 것이라 아테네가 매년 지속적으로 200척을 동원하였는지는 명확하지 않으며 연구자들마다 규모에 대해서는 다른 견해를 가지고 있다. 그렇지만 원정 초기에 200척을 파견한다는 것은 놀라운 일이 아닐 수 없다. 제2차 그리스-페르시아 전쟁을 준비하기 위해 아테네가 전 국력을 기울여 건설한 함대의 규모가 200척이었다. 아테네인들은 이 규모의 함대로 살라미스 해전의 주력으로서 페르시아 함대를 격파하였기 때문이다. 200척 함대를 유지하기 위해서는 연간 320달란트가 필요하였으며, 4만 명의 승무원을 유지하여야 하였다. 원정대의 파견 자체가 당시 아테네와 델로스 동맹의 능력을 설명해주며 아테네의 적극성을 입증해준다. 스파르타와 펠로폰네소스 동맹은 이를 목격하

---

15 Thucydides, I.107.

면서 큰 부담을 느꼈음이 틀림없다.

앞에서 설명한 대로 스파르타가 타나그라에서 철군한 뒤 아테네는 대단히 적극적으로 공세를 펼쳐나갔다. 스파르타에게 패배한 지 62일 뒤 아테네는 보이오티아 지역에 대한 공격을 개시하여 테베를 제외한 전역을 석권하였다. 로크리스(Locris)를 침공하여 부유한 자들을 인질로 잡고 몸값을 요구하였으며 타나그라의 성벽을 제거하였다. 아이기나에서의 포위공격도 성과를 내어 항복을 받아내었으며 아이기나의 성벽 역시 제거하였다. 이 와중에 아테네는 이전부터 축조하여오던 피레우스와 아테네를 연결하는 방벽을 완성하였다.

이에 더하여 아테네 해군은 이후 펠로폰네소스반도 외곽을 항해하면서 펠로폰네소스 동맹의 중요한 목표를 습격하였다. 이러한 방식의 공격을 시작한 이는 톨로미데스(Tolomides)였다. 그는 아테네인들에게 스파르타를 공략하자고 선동하였으며 11,000명의 중장보병을 주면 스파르타의 영토를 황폐케 하고 그들이 가진 명성을 흔들어버리겠노라고 장담하였다.[16] 그는 50척의 삼단노선 함대에 4,000명의 중장보병을 승선시켜 스파르타의 메톤(Methonê)을 점령하였다. 이후 스파르타군이 역습을 가해오자 철수하여 해안을 따라 항해하다가 지데이움(Gytheium) 항구에 상륙하여 도시와 조선소를 불태웠다. 이

---

16 Diodorus, XI.84, http://penelpoe.uchicago.edu/Thayer/E/Roman/Texts/Diodorus_Siculus/11C*.html(검색일: 2019. 4. 23.).

어서 그는 자킨토스(Zacynthos)로 향하여 케팔레니아(Cephallenia)섬 전체를 점령한 뒤 나우팍토스(Naupactus)를 점령하였다.[17] 나우팍토스 점령은 후에 이토메산에 도망쳤던 헬롯들이 정착할 수 있는 기초를 제공하였다.

톨로미데스의 작전은 고전기 그리스 시대에 좀처럼 볼 수 없던 전쟁 형태였다. 당시에는 주로 중장보병으로 구성된 밀집방진 사이의 충돌로 승패를 결정하던 전쟁 방식이 일반적이었으나 톨로미데스는 상대방이 중장보병으로 대응할 여지를 주지 않고 해군과 지상군을 적절히 배합한 강습 상륙으로 스파르타를 공격한 것이다. 페리클레스 역시 이러한 작전을 실제 수행하게 되었다. 장군으로 선출된 페리클레스는 50척의 함대와 1,000명의 중장보병을 지휘하여 펠로폰네소스반도 일대를 항해하다가 아카르나니아(Acarnania)에 상륙하여 큰 피해를 입히고 돌아왔다.[18]

---

17 Diodorus, XI.84.6, http://penelpoe.uchicago.edu/Thayer/E/Roman/Texts/ Diodorus_ Siculus/11C*.html(검색일: 2019. 4. 24.).

18 Diodorus. XI.85, http://penelpoe.uchicago.edu/Thayer/E/Roman/Texts/Diodorus_ Siculus/11C*.html(검색일: 2019. 4. 23.).

3. 아테네의 페르시아 견제와 패권 확립

이집트 원정의 실패와 델로스 동맹의 강화

제1차 펠로폰네소스 전쟁은 BC 454년까지 특별한 진전 없이 소강 상태에 머물러 있었다. 이러한 상황 가운데 이집트 원정군이 페르시 아군에게 큰 패배를 당하는 사태가 발생하였다. 투키디데스는 이 상황을 마치 펠로폰네소스 전쟁 기간에 아테네군이 시칠리아에서 패배한 것과 같은 어조로 기록하였다.[19] 아테네 해군을 주축으로 한 델로스 동맹의 함대는 이집트에 도착하여 페르시아 함대에 대하여 승리를 거두었다. 투키디데스는 이 사실을 기록하지 않았다.[20] 투키디데스의 기록에 의하면 페르시아가 처음에는 스파르타를 매수하여 아티카에 군대를 파견하게 하려다 실패하였고, 이어서 메가바조스 (Megabazus)를 이집트로 파견하였다.

메가바조스는 아테네에 뼈아픈 패배를 안겨주었다. 그는 델로스

---

19 H.D. Westlake, "Thucydides and the Athenian Disaster in Egypt", *Classical Philology*, Vol. 45, No. 4(Oct., 1950), p.212, https://www.jstor.org/stable/265853(검색일: 2019. 4. 26.).

20 Jan M. Libourel, "The Athenian Disaster in Egypt", *The American Journal of Philology*, Vol. 92, No. 4, Oct., 1971, p.605, https://www.jstor.org/stable/292666(검색일: 2019. 4. 25.).

동맹이 농성하고 있던 섬 주위의 물길을 돌려 함정을 움직일 수 없게 고립시킨 다음 섬으로 지상 병력을 투입하여 승리를 거두었다.[21] 디오도로스(Diodorus Siclus)[22]에 의하면 그의 병력은 거의 1년 가까이 원정을 위해 훈련을 받았다.[23] 투키디데스는 그리스인들이 수행한 모험이 6년에 걸친 전투 끝에 실패하였다고 평가하며 수많은 병력이 대부분 목숨을 잃었다고 기록하였다. 그는 여기에 더하여 델로스 동맹이 증원을 위해 파견한 50척 규모의 부대도 큰 피해를 입었다고 설명하였다. 델로스 동맹의 이집트 원정은 완전한 실패로 끝나고 말았다.[24] 투키디데스는 이집트에서의 실패에 후일 발생한 시칠리아에서의 패배를 투영하여 고찰하였다. 때문에 그는 심각한 어조로 이집트에서의 실패를 기록한 것이다.

이집트 원정이 실패로 귀결되기까지 아테네의 군사행동은 계속 이어졌다. 테살리아의 왕자 오레스테스(Orestes)가 아테네로 추방되

---

21 Thucydides, I.109; Diodorus, XI.77.

22 고대 그리스의 역사학자.

23 Diodorus, XI.75.3, http://penelpoe.uchicago.edu/Thayer/E/Roman/Texts/ Diodorus_Siculus/11C*.html(검색일: 2019. 4. 24.).

24 Thucydides, I.110., 정확한 그리스 함대의 피해규모에 대해서는 여러 논의가 존재한다. 투키디데스의 기록을 그대로 주장하는 학자들도 있고 처음 파견한 200척이 이후에는 40~50척 규모로 감소하였을 것이라는 주장도 있다. 리보우렐(Libourel)의 연구는 전자를, 웨스트레이크(Westlake)는 후자를 대표한다.

자 이를 복권시키기 위해 보이오티아와 포키스군을 동반하여 원정을 감행하였으나 성과를 달성하지 못하고 철수하였다. 이어서 페리클레스가 페가이를 출항하여 직접 원정대를 이끌고 해안을 따라 항해하다가 시크온(Sicyon)을 공략하여 항복을 받아내었다. 그 뒤 이 원정대는 아카르나이아 지방의 오이니아다이(Oeniadae)를 공격하였으나 성공을 거두지 못하고 복귀하였다.[25] 이 시기 아테네는 군사작전의 필요가 발생하면, 주저하지 않고 행동에 나섰으며 성공과 실패를 반복하였다.

아테네는 이 시기에 동맹의 금고를 델로스섬에서 아테네로 옮겼다. 이 조치는 동맹 내에서 아테네의 지배적 위치를 강화하기 위한 조치로 판단된다. 아테네는 이집트에서의 패배로 인해 자칫 델로스 동맹 참여국들이 동맹에서 이탈할 수 있는 위기에 처하게 되자, 이를 방지하기 위해 동맹의 금고를 자국으로 옮겨 다른 국가들이 맹주 지위를 넘볼 가능성을 배제하였을 수 있다. 특별히 델로스 동맹은 페르시아에 대한 방어동맹이었으므로 페르시아에 대한 아테네의 무기력한 패배는 치명적인 동맹의 이탈 사유가 될 수 있었다.[26] 한편 페르시아에 대한 패배는 그리스 사회에 페르시아의 위협을 상기시키는 효과가 있었기에 아테네가 동맹을 장악할 수 있는 기회로 작용하

---

25 Thucydides, I.111.

26 김진경, 『고대 그리스의 영광과 몰락』, 안티쿠스, 2009, 195쪽.

기도 하였다. 아테네는 동맹의 맹주로서의 지위를 강화하는 한편 결속을 강화할 필요성을 동시에 가지고 있었고, 어찌되었건 이러한 상황의 변화는 아테네로 하여금 동맹 정책의 변화를 모색하게 하였다.

아테네의 동맹에 대한 정책의 변화는 제국주의적 간섭과 억압을 특징으로 하였다. 페르시아의 위협이 부각된 상황에서 아테네의 지배욕과 탐욕이 자연스럽게 자리한 것이다.[27] 금고가 옮겨진 뒤 공세의 1/60을 아테네의 신전에 바치게 되었으며 동맹 자금의 일부가 아테네 재정으로 편성되었다. 심지어 BC 450년에는 5,000달란트가 아테네의 국고로 수납되어 건축을 위한 재정으로 충당되었다. 아테네는 사모스(Samos), 키오스(Kios), 그리고 레스보스(Lesbos)의 해군만 유지한 뒤 나머지 국가들의 해군을 해체하고 민주정을 강요하였다. 또한, 그동안 유지되어온 동맹회의를 폐지하고 동맹국 사이에서 발생하는 분쟁을 아테네가 맡아 재판하면서 재판료를 징수하기까지 하였다.[28] 아테네는 더 이상 동맹을 이전과 같이 공정하게 대우하지 않고 우월적인 지위를 이용하여 수탈하기 시작한 것이다.[29]

아울러 아테네는 해군력의 배분을 통하여 동맹을 관리하고 유지

---

27 위의 책, 195쪽.

28 위의 책, 195~196쪽.

29 Diodorus, XI.70.4, http://penelpoe.uchicago.edu/Thayer/E/Roman/Texts/
    Diodorus_Siculus/ 11C*.html(검색일: 2019. 4. 25.).

하였다. 앞서 보았던 대로 아테네는 세 나라에만 독자적인 함대를 유지할 수 있도록 하였고 나머지 국가들은 해군을 폐지하고 대신 분담금을 내도록 하였다. 적어도 이 세 나라의 해군력이 에게해에서 동맹의 패권을 유지하는 데 필요하였기 때문이다. 또한, 아테네는 동맹의 초기와 달리 다른 국가들이 해군을 보유하지 못하도록 하여 아테네의 일방적인 지배력을 확립하고자 하였다. 여기에는 실제 많은 동맹의 회원국들이 해군을 보유하기보다는 분담금을 납부하는 것을 선호하는 현실이 작용하기도 하였다. 결과적으로 아테네는 해군력을 일방적으로 행사하여 동맹에 대한 영향력을 확대하는 한편 소수의 유능한 해군 국가에는 지속적으로 함선을 제공하도록 함으로써 동맹 전체적으로도 해군력이 저하되지 않도록 하는 교묘한 정책을 추진하였다.

페르시아에 대한 견제

아테네는 페르시아에 대해서 군사적 균형을 유지하기 위해 더욱 직접적인 행동을 취하였다. 이집트에서 군사적 패배를 당했기 때문에 아테네로서는 이를 만회할 전과가 필요하였다. 이에 따라 키몬이 주목을 받게 되었다. 그는 스파르타의 지진으로 인한 지원 문제 이후 국외로 추방되었는데 그야말로 페르시아 원정을 지휘할 수 있는 적임자였다. 사실 아테네인들은 타나그라에서 스파르타인들과 전투가 벌어졌던 때에도 그의 소환을 고려하였으나 페리클레스의 반대로 그만두었다. 하지만 이번 상황은 달랐다. 마라톤 전투의 영웅 밀티아데스의 아들인 그의 군사적 재능이 절대적으로 필요한 터였다. 그의 소환시기는 불분명하다. 연구자들에 의하면 키몬은 그의 추방 5년 차, 혹은 10년이 다 차기 전에 다시 아테네로 소환되었다.[30]

그에게는 두 가지 임무가 기대되었다. 궁극적인 임무는 페르시아와의 군사적 균형을 달성하는 것이고, 이를 위해 그전에 스파르타와 평화조약을 체결하는 것이었다. 아테네가 페르시아에 대한 군사작전을 수행하면서 스파르타와도 전쟁을 할 수는 없는 노릇이었다. 적어도 한 국면에서는 평화를 유지할 필요가 있었다. 이전의 아테네 원정에서 페르시아가 스파르타인들에게 뇌물을 주어 아티카 침공을 종용한 전적이 있기 때문에 아테네로서는 더욱 페르시아와 스파르타를 동시에 상대하는 양면전쟁을 피할 필요가 있었다. 키몬은 이 임무를 위해서도 가장 적합한 인물이었다. 그는 아테네에서 가장 대표적인 친스파르타 인사였기 때문이다. 결과적으로 그는 이 임무를 훌륭하게 달성하여 5년간의 휴전협정이 성립되었다.[31]

---

30 Nepos, Aristides, 그리고 Andocides 등이 대표적이다. Ron K. Unz, "The Chronology of the Pentekontaetia", *The Classical Quarterly*, Vol.36, No. 1, 1986, p.76. https://www.jstor.org/stable/638944 참조.

31 정전협정이 체결된 시기에 대해서는 이견이 존재한다. Unz의 경우 투키디데스와 달리 BC 454년에 체결된 것으로 이해하며 키몬의 키프로스 원정도 같

그다음으로 키몬이 수행한 임무는 키프로스에 대한 원정 작전이었다. 투키디데스는 키몬이 펠로폰네소스 동맹과의 전쟁에서 벗어난 이후 동맹의 함선 200척을 이끌고 키프로스 원정에 나섰다고 기술하였다. 키프로스는 페르시아의 세력을 견제하기 위해 반드시 확보해야 하는 지역이었다. 당시 아테네의 전력으로 페르시아 자체를 공격하는 것은 불가능하였다. 더구나 해양국가인 아테네가 광대한 영토를 가진 페르시아를 침공할 수는 없는 노릇이었다. 또한, 페르시아가 성과를 거둔 이집트에 재차 침공하여 복수하는 것 역시 그다지 바람직한 방법이 아니었다. 이미 페르시아가 아성을 굳힌 지역이었으며 아테네가 한 번 패배한 지역이었기 때문이다.

그는 제한된 세력으로 가장 큰 성과를 거두기 위한 일종의 간접접근 전략을 취하였다. 키프로스는 페르시아의 아프리카 작전 및 동지중해 행동에 직접적인 영향을 미칠 수 있는 지역이었다. 무엇보다 키프로스를 점령함으로써 아테네는 페르시아가 지중해 진출을 위한 전진기지로 키프로스를 이용하는 것을 거부할 수 있었다. 키프로스에는 좋은 항구들이 존재하고 있었으며, 목재와 곡물 그리고 신선한 식수는 물론 금속의 원자재인 광물도 풍부하였다. 페르시아는 이러한

은 해에 수행된 것으로 추정한다. 본 연구는 역사적 사건의 시점을 밝히는 것을 목적으로 하지 않으므로 다만 발생 순서에만 주목하되 인과 관계에 대한 객관적인 이해를 시도한다.

가치를 잘 알고 이미 기지를 건설해두고 있었다. 또 키프로스는 소아시아와 지중해 그리고 아프리카의 어느 지역이든지 손쉽게 접근할 수 있는 전략적 위치를 점하고 있었다. 만약 이 섬을 아테네가 점령한다면 거꾸로 페르시아의 행동을 견제할 수 있는 전략적 이익을 누릴 수 있었다.[32]

키몬의 키프로스 원정은 성공적이었다. 200척으로 구성된 함대는 델로스 동맹의 능력을 고려해볼 때 대규모 함대였으며, 이 규모는 아테네가 키프로스 원정에 국가적인 관심과 자원을 투입하였음을 보여준다. 이는 아테네가 페르시아의 세력을 견제하기 위해 필사적인 노력을 기울였음을 증명한다. 투키디데스는 키몬이 60척을 이집트에 잔존하던 반페르시아 세력을 지원하기 위해 파견하고 나머지 전력으로 원정을 감행하였음을 기록하고 있다.[33] 키몬은 그의 명성에 걸맞게 성공적으로 작전을 수행하였다. 비록 그는 전역을 수행하는 도중 사망하였지만 아테네 해군이 페르시아 해군을 대파한 것이다. 아울러 지상전에서도 아테네군이 승리를 거두었다.[34]

---

32 S. Thomas Parker, "The Objective and Strategy of Cimon's Expedition to Cyprus", *The American Journal of Philology*, Vol. 97, No. 1, Spring, 1976, pp.32~37, https://www.jstor.org/stable/294110(검색일: 2019. 4. 26.).

33 분견대 운용에 대해서 투키디데스와 디오도로스는 각기 다른 기록을 남기고 있다. 디오도로스의 기록에는 분견대 운용에 대한 언급이 없다.

34 Thucydides, I.112.

키몬의 승리는 칼리아스(Kallias) 강화로 이어졌다. 페리클레스는 키몬의 함대가 돌아오자 칼리아스로 하여금 페르시아와의 강화를 추진하도록 하였다. 칼리아스의 강화는 디오도로스 등 과거 역사가들의 기록에는 등장하지만 투키디데스가 언급하지 않음으로 인해 진위에 대한 끊임없는 논의의 대상이 되어왔다. 한편 칼리아스의 강화가 복수의 조약으로 시차를 두고 체결되었음을 주장하는 연구도 존재한다.[35] 본서에서는 키몬의 원정이 그의 죽음으로 인해 아테네가 결정적인 승리를 거두지 못했다는 점, 그로 인한 페르시아의 에게해해역 재침의 가능성이 존재하였다는 점, 그리고 이러한 상황에도 불구하고 아테네가 동맹 금고에 보관된 분담금을 파르테논 신전을 비롯한 아테네의 신전 건축에 전용하였다는 점을 근거로 칼리아스의 강화가 존재하였다는 주장을 선택한다. 아울러 칼리아스의 강화는 BC 449년 혹은 448년에 체결된 것으로 알려져 있다. 홀라데이(A.J. Holladay)는 이 조약이 비밀조약 형태로 체결되었음을 주장한다. 공개적으로 체결될 경우 동맹국들이 분담금 납부에 불만을 가질 수 있었기 때문이다.[36]

---

[35] Loren J. Samons II, "Kimon, Kallias and Peace with Persia", *Historia: Zeitschrift für Alte Geschichte*, Bd. 47, H. 2, 2nd Qtr., 1998, pp.129~140 참조. https://www.jstor.org/stable/4436498(검색일: 2019. 4. 25.).

[36] A.J. Holladay, "The Détente of Kallias?", *Historia: Zeitschrift für Alte Geschichte*, Bd. 35, H. 4, 4th Qtr., 1986, p.504, https://www.jstor.org/sta-

30년 평화조약과 패권의 인정

칼리아스의 강화로 아테네는 페르시아와의 대결을 일단락지을 수 있게 되었다. 그리스-페르시아 전쟁 시기과 달리 아테네와 스파르타가 대립 관계에 있었기 때문에 아테네는 델로스 동맹의 전력만으로 페르시아를 상대하여야 했으며, 다행스럽게 키몬이 제한적인 작전을 성공적으로 수행하였다. 페리클레스는 전장에서 거둔 작전적인 성공을 교섭을 통해 확대하여 페르시아의 침공 위협을 제거하였다. 이 시기에 들어서 비로소 아테네는 본격적으로 평화를 누릴 수 있게 되었다. 스파르타와는 한시적인 휴전을 체결한 상태였지만 스파르타가 전면적인 군사행동을 취할 가능성은 적어 보였다. 그러한 경우에도 아테네는 대비할 수 있을 것으로 보였다. 아테네는 이미 피레우스에서 아테네를 연결하는 방벽을 완성하였고, 타나그라에서 스파르타와 대결하여 만만치 않은 전력을 과시한 적도 있으며, 더욱이 펠로폰네소스반도를 해상에서 강습할 수 있는 능력을 보유하고 있었다. 아테네인들은 자국의 안보가 확보된 것을 확인한 뒤 고대 그리스에서 가장 화려하고 정교한 건축물인 파르테논 신전 건축에 착수하였다.

두 맹주국 사이의 휴전과 칼리아스 강화로 인해 그리스 세계에 평

---

ble/4435985(검색일 2019. 4. 26).

화가 정착될 것 같았으나 델로스 동맹 내부에서 균열이 발생하였다. BC 447년에 보이오티아에서 반란이 발생한 것이다. 반란은 델로스 동맹에 대한 불만이 발단이 되었다. 더욱이 BC 449년에 아테네는 페르시아와 불가침협정인 칼리아스 강화조약을 체결한 상태였다. 페르시아의 침공 위협이 사라진 것은 방어동맹인 델로스 동맹의 존속 이유에 대해서 의문을 제기할 수 있는 상황을 초래하였다. 특히 동맹국들이 분담금 납부를 부담스럽게 생각하도록 하였다. 동맹국의 분담금 납부를 추적한 연구는 이 시기에 헬레스폰토스 지역을 중심으로 아테네의 제국주의에 대한 반감이 증대되었으며 납부금을 내지 않는 국가들이 증가하였음을 증명하고 있다.[37]

아테네군이 보이오티아의 반란을 진압하기 위하여 출병하였으나 코로네이아(Coroneia)에서 패배하고 말았다. 보이오티아 지방의 대부분이 델로스 동맹에서 벗어나게 된 것이다. 보이오티아에서의 실패는 추가적인 동맹의 이탈을 유발하였다. 아테네인들은 결과적으로 보이오티아 전역에서 철수하기로 하였다.[38] 보이오티아의 독립은 추가적인 반란을 부추겼다. 아테네의 맞은편에 있는 에우보이아

---

37 Russell Meiggs, "The Crisis of Athenian Imperialism", *Harvard Studies in the Classical Philology*, Vol. 67, 1963, pp.17~18, https://www.jstor.org/stable/310817(검색일: 2019. 4. 26.).

38 Thucydides, I.113.

(Euboea)가 반란을 일으켰고, 이전에 코린토스의 공격이 계기가 되어 동맹에 합류하였던 메가라도 반란을 일으킨 것이다. 특별히 메가라에 주둔하던 아테네 수비대가 공격을 받아 대부분 전멸당하는 심각한 사태가 발생하였다.[39] 이 상황은 아테네가 더 이상 좌시할 수 있는 상황이 아니었다. 그대로 방치할 경우 더 많은 동맹국이 이탈을 추구할 터였다. 결국 페리클레스가 병력을 이끌고 출정하게 되었다.

그러나 페리클레스는 스파르타군이 아티카로 침공해 들어옴으로써 제대로 원정을 수행하지 못하고 아테네로 복귀하여야 했다. 메가라가 스파르타에게 지원을 요청하였기에 스파르타가 아테네를 공격해온 것이다. 스파르타의 원정군은 플라이스토아낙스(Pleistoanax)가 지휘하였다. 그는 타나그라 전투가 벌어졌을 당시에는 나이가 어려서 참전하지 않았는데, 이번에는 전쟁을 지휘하는 왕의 책무를 다하기 위해 출정하였다. 그는 의외의 행동을 하였다. 아티카에 도착한 이후 일부 지역에 대한 약탈을 감행한 이후 회군한 것이다. 그는 스파르타에 돌아가서 탄핵을 당하고 말았다. 스파르타군이 돌아간 이후 페리클레스는 에우보이아로 출정하여 섬 전체를 복속시키고 새로운 협정을 맺었다. 이로써 동맹의 반란은 일단락되는 듯하였다.[40]

---

39 Thucydides, I.114.1.

40 Thucydides, I.114.

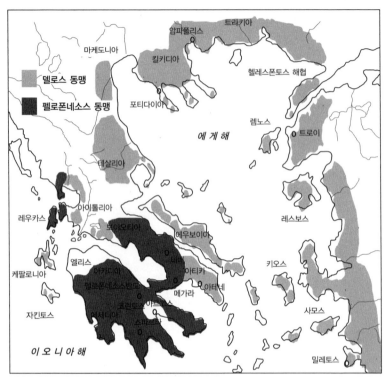

그림 5. 델로스 동맹과 펠로폰네소스 동맹의 세력권

스파르타가 BC 447년 아티카를 침공한 것은 두 가지 의미를 가지고 있다. 우선 스파르타가 아테네의 부상을 여전히 경계하고 있었음을 보여준다. 메가라가 지원을 요청하자 스파르타가 평소의 느린 태도와 달리 신속하게 의사결정을 하고 군대를 파견하였다는 것은 스파르타가 평소 아테네의 활동을 주시해왔고 무엇인가 이를 좌절시킬 기회를 모색해왔음을 의미한다. 두 번째는 경쟁 관계에 있는 아

군사사의 관점에서 본 펠로폰네소스 전쟁

테네와 스파르타 사이에 분쟁을 유발하는 촉진자가 존재하였다는 것이다. 메가라가 바로 그러한 역할을 하였다. 메가라는 동맹을 갈아타며 분쟁을 야기하였다. 이러한 메가라의 행태는 펠로폰네소스 전쟁에서도 이어져 메가라 법령을 선포하는 계기가 되기도 했다. 제1차 펠로폰네소스 전쟁기에 이미 메가라가 분쟁을 촉진하고 유발하는 역할을 한 것이다.

이후 아테네와 스파르타는 30년 평화조약을 체결하였다. 30년 평화조약의 구체적인 내용은 투키디데스가 본문에 인용한 조약문과 도처에 남아 있는 비문을 통하여 확인된다. 이 조약에서 분명하게 드러나는 것은 스파르타가 아테네의 세력권을 인정하였다는 것이다. 아테네는 델로스 동맹의 맹주로 그 세력 범위를 명확하게 인정받았다. 아테네는 그동안 획득하였던 니사이아, 페가이, 트로젠, 아카이아를 펠로폰네소스 측에 돌려주었고 나우팍토스에 대한 지배권을 인정받았다. 아르고스는 아테네와 특별한 우호 관계로 남게 되었다. 30년 평화조약에 따라 델로스 동맹과 펠로폰네소스 동맹으로 그리스 세계는 양분되었고 동맹을 바꾸는 것은 금지되었다. 또 아테네와 스파르타는 각각의 동맹에서 절대적인 지배권을 행사하는 것이 인정되었다. 그리스-페르시아 전쟁 이후 부상을 거듭해온 아테네가 경쟁하는 패권의 한 당사국으로 그리스 세계에서 공인받은 것이다.

투키디데스는 30년 평화조약을 간단하게 언급하였다. 그에게 있어 30년 평화조약 자체가 중요한 것이 아니었기 때문이다. 그에게 있어서 중요한 것은 펠로폰네소스 전쟁이 발생하게 된 원인을 설명하는 것이었고 그 핵심은 그리스 세계에서 아테네의 부상과 이에 따른 스파르타의 공포에 있었다. 그는 BC 432년에 이르기까지 50년 기간(pentekontaetia)을 간략하게 다루며 아테네의 부상을 중점적으로 살폈다. 그에게 있어서 30년 평화조약 역시 아테네가 세력을 신장한 하나의 사건에 불과한 것이었다. 때문에, 그는 다음 문장에 이어서 사모스와 밀레토스(Miletos) 사이에 분쟁이 발생하여 아테네가 개입하게 된 경위를 설명하고 있다.

투키디데스의 이해와 달리 30년 평화조약은 그 이후의 사태 변화를 설명하는 중요한 의의를 지니고 있다. 30년 평화조약은 그 자체가 불안정한 것이었다. 일반적으로 어느 일방이 완전한 패배를 당한 경우에 평화조약은 높은 수준의 강제력을 지니게 된다. 그러나 델로스 동맹과 펠로폰네소스 동맹 사이의 조약은 결코 이러한 성격의 조약이 아니었으며, 스파르타가 아테네의 권역을 인정하고 해당 권역에서의 패권을 인정한 조약이었다. 아울러 갈등이 발생할 때 무력보다는 협상에 의해 문제를 해결한다는 조항이 포함되어 있었지만, 구체적인 절차나 중재할 수 있는 기구의 형성 등을 정의해놓지 않았다. 30년 평화조약은 얼마든지 파기될 수 있는 구조를 가진 조약으로 BC 446/445년부터 발효되었다.

도널드 케이건(Donald Kagan)은 30년 조약이 모든 당사자에게 불만을 초래하였다고 주장하였다. 일부 아테네인들은 좀 더 팽창적인 생각을 가지고 있었다. 스파르타인들은 아테네와 패권을 공유하는 것에 대해 극심한 분노를 가지게 되었으며 더욱 완전한 승리를 거두지 못한 것을 아쉬워하였다. 코린토스는 아테네에 대하여 여전히 뿌리 깊은 분노를 가지고 있었으며 메가라와 테살리아 모두 아테네에 적대적인 인사들이 정권을 장악하고 있었다. 그리고 펠로폰네소스의 모든 국가들은 아테네의 부상을 두려워하였다.[41] 결과적으로 30년 평화조약은 구조적인 면에서, 그리고 인식적인 측면에서 취약한 상태에 놓여 있었으며 그리스 세계는 언제든지 전쟁을 향해 뛰어들 준비가 되어 있었다.

4. 1차 펠로폰네소스 전쟁의 의의

제1차 펠로폰네소스 전쟁은 그 자체로 고유한 내러티브를 지니고 있다. 이 시기에 아테네는 역외에서 대규모 원정 작전을 감행하며 그리스 내부에서 펠로폰네소스 동맹과의 대결을 추구하였다. 투키디데스가 지적하였던 대로 아테네는 스파르타를 포함한 펠로폰네소스 동맹 내의 국가들과 전쟁을 주저하지 않았으며 적극적인 공세를

---

41 도널드 케이건,『펠로폰네소스 전쟁사』, 허승일 · 박재욱 역, 까치, 2006, 39~40쪽.

통하여 평균 이상의 성공을 거두었고 이는 스파르타를 비롯한 펠로폰네소스 동맹에 속한 국가로 하여금 두려움을 느끼게 하였다. 아테네는 이집트 원정이 실패하자 신속히 동맹을 정비하였으며 이를 위해 동맹의 금고를 아테네로 옮기고 스파르타와 휴전한 뒤 간접접근전략의 일환으로 키프로스를 공략하여 페르시아를 견제하였다. 이후 아테네는 페르시아에 대한 승리를 확장하여 강화를 체결하였다. 이 과정 가운데 아테네의 동맹에 대한 지배는 제국의 속성을 더해갔다.

　이집트 원정으로부터 30년 평화조약 체결에 이르는 동안 그리스 세계는 안정과는 반대 방향으로 움직여갔다. 평화조약 자체가 구조적으로 불안정하였으며 조약에 참여한 국가들이 모두 협상에 대한 불만을 가지고 있었다. 아테네의 부상에 대한 공포 외에도 제1차 펠로폰네소스 전쟁 동안 코린토스와 메가라가 아테네를 향한 분노를 갖게 되었으며 메가라는 이후에도 전쟁을 유발하는 역할을 하게 되었다. 한편 아테네인들은 이집트 원정의 실패가 가져오는 결과를 목격하면서 지나치게 전쟁을 확대하지 말아야 한다는 교훈을 얻을 수 있었고, 비록 일부에 한정되지만, 중장보병에 의한 밀집방진을 주로 사용하는 지상군 위주의 국가에 대항할 수 있는 강습상륙을 중요한 군사적 수단의 하나로 체득하게 되었다. 이들 요소는 펠로폰네소스 전쟁에서 긴요한 전략으로 사용될 터였다.

　긴장의 고조와 분쟁으로의 연결, 그리고 재앙적인 파괴는 인류가 경험해왔던 파괴적 전쟁의 전형이다. 제1차 펠로폰네소스 전쟁은 그리스 세계의 긴장을 고조시키는 역할을 하였다. 이 전쟁에서 두 세력이 서로를 수용할 수 있었더라면 아마도 우리가 기억하는 재앙적인 펠로폰네소스 전쟁은 발생하지 않거나 적어도 다른 양상으로 발전하였을 것으로 생각한다. 특별히 제1차 펠로폰네소스 전쟁에서 아테네와 스파르타가 메가라와 코린토스의 역할을 신중하게 관찰하고 특성을 이해하였더라면 이들의 행동에 더욱 신중하게 대처하였을 것이다. 또한, 두 동맹의 맹주는 자국의 행위가 상대에게 미치는 결과를 고려하여 더욱 신중하게 움직였을 것이다. 오늘날 한반도를 둘러싼 동북아의 긴장이 고조되고 있다. 고대의 그리스인들은 우리에게 그들의 전쟁을 통해서 역내의 행위자들이 좀 더 긴 안목에서 상대방에게 비칠 자신의 행위를 분석하고 긴장을 해소해가는 방향으로 서로 움직이도록 지혜를 발휘하여야 함을 가르쳐주고 있다.

제3장

페리클레스의 전략

페리클레스의 전략

1. 페리클레스와 전쟁

  펠로폰네소스 전쟁(BC 431~404)의 첫 10년(BC 431~421)은 관습적으로 당시 스파르타의 왕의 이름을 따서 아르키다모스 전쟁(Archidamian War)이라고 불린다. 그러나 최근 도널드 케이건(Donald Kagan)은 이를 페리클레스(Pericles) 전쟁이라고 불러야 한다고 주장하였다.[2] 이는 이 기간 동안 페리클레스가 전쟁의 방향을 결정짓는 중요한 역할을 하였기 때문이다. 그는 펠로폰네소스 동맹과의 전쟁을 주장하였고 또

---

1   이 장은 『서양 역사와 문화연구』 21권, 2009에 게재된 「펠로폰네소스 전쟁기 페리클레스 전략에 관한 고찰」을 부분적으로 수정하였음.

2   도널드 케이건, 『펠로폰네소스 전쟁사』, 허승일 · 박재욱 역, 까치, 2006, 82쪽.

한 이 전쟁을 수행하는 중요한 전략을 개발하여 이를 실행하도록 하였으며, 아울러 본인이 장군으로서 전쟁을 직접 지휘하였던 것이다. 이 시기 아테네는 페리클레스의 절대적인 영향 아래 스파르타와 그 동맹국들을 상대로 전쟁을 벌이며 이전의 그리스 도시국가 간의 전쟁과는 전혀 다른 양상의 전쟁을 치렀다.

펠로폰네소스 전쟁에서 독특한 전략을 창안한 페리클레스는 아테네의 민주정치를 꽃피운 장본인으로 아테네 시민들의 많은 사랑을 받았던 정치가이면서 동시에 장군으로서 직접 전장을 누볐던, 고귀한 인격의 소유자이자 뛰어난 전략가였다. 그가 구사하였던 전략은 여러 가지 면에서 연구할 만한 가치를 지니고 있다. 막강한 육상 제국인 스파르타를 상대하기 위하여 결정적인 지상작전을 회피하고 아테네가 우세를 점하고 있던 해상전력을 사용하여 지구전을 구사하였던 그의 전략은 동시대를 초월하는 선구적인 것이었다.

그가 창안하고 사용한 전략으로 인해 펠로폰네소스 전쟁은 이전의 다른 그리스 도시국가들 사이의 전쟁과는 전혀 다른 모습으로 이루어지게 되었다. 그의 전략으로 인해 아테네와 펠로폰네소스 동맹의 도시들은 중장보병의 밀집방진을 사용한 결전을 하지 않았으며, 아테네인들이 장기간 성벽 속에서 농성하여야 했으며, 그리고 무척이나 오랜 세월 동안 승패가 갈리지 않은 전쟁을 지속하였던 것이다.

페리클레스 전략에 대한 연구는 독일의 실증주의 군사사학자인 한스 델브뤼(Hans Delbrück)을 비롯한 역사가들과 리델 하트(B.H. Liddell Hart) 등의 전략가들에 의해 연구되어 왔다. 이들은 각기 자신들의 관점에서 페리클레스의 전략을 방어전략, 해양전략, 소모전전략, 혹은 억제전략으로 분류하였으며 또한 나름의 기준으로 전략의 성패를 판단하고 있다. 한마디로 말해서 페리클레스의 전략에 대한 평가는 '제각각'인 것이다. 각각의 연구자들이 지닌 서로 다른 학문적 배경과 취향이 이러한 상반된 평가를 낳은 것으로 생각된다. 어찌되었건 하나의 전략에 대하여 성공과 실패를 오가는 극단적인 평가 간의 차이는 후발 연구자들로 하여금 많은 혼란을 느끼게 하고 있다. 더욱 큰 혼란을 느끼게 하는 것은 연구자마다 다른 페리클레스 전략의 시행기간이다. BC 431년에 시작되어 404년에 마친 펠로폰네소스 전쟁에서 아테네가 페리클레스의 전략을 시행한 시기에 대하여 연구자마다 각기 다른 판단을 하고 있는 것이다. 이로 말미암아 페리클레스 전략에 대한 객관적인 판단이 어려워지고 전략의 정체에 대한 인식마저 모호해질 가능성마저 존재하고 있다.

이러한 현실 인식을 바탕으로 하여 필자는 페리클레스의 전략이 언제까지 시행되었으며, 또 그 전략의 성격은 무엇인지 설명하고자 한다. 이 장에서는 펠로폰네소스 전쟁의 개전부터 10년까지, 즉 아르키다모스 전쟁으로 불리는, 또는 페리클레스의 전쟁으로 불려야 한다고 주창되는 BC 421년까지의 기간 중 발생한 주요 교전 사례를 분석하여 페리클레스의 전략이 본질이 무엇인지를 밝혀내고 이 전략이 언제까지 시행되었는지 살펴보고자 한다.

펠로폰네소스 전쟁의 가장 중요한 시기인 초반기에 등장하였던 페리클레스 전략에 대한 연구를 통하여, 이 장에서는 초반기 아테네의 행동에 대한 설명을 군사적인 관점에서 제공하고자 한다. 이러한 시도를 통하여 필자는 기존의 펠로폰네소스 전쟁 연구에 군사적인 접근 방법을 더하고자 한다.

본 연구의 결과, 페리클레스 전략의 본질은 방어에 치중하면서 해양을 이용한 억제전략이었으며 그 방법은 앞선 장에서 설명한 대로 해상 지배권을 유지하는 가운데 지상에서의 결전을 피하고 펠로폰네소스 동맹이 아티카 지방 일대를 공격해오면 톨로미데스(Tolomides)가 개발하여 성과를 거둔 대로 펠로폰네소스 동맹 지역의 해안을 주항하다가 상륙하여 보복하는 방식을 채용하였음이 드러났다. 또한, 페리클레스의 전략은 아테네를 보호할 수 있는 주요 지역에 전략적인 방어망을 구축하는 데 중점을 두었다. 페리클레스의 전략은 기본적으로 상대방을 파괴하는 것이 아니라 자신의 역량을 잘 보존하되 주도권은 상대방에게 허락하여 상대방으로 하여금 전쟁을 계속하다가 지쳐서 포기하도록 하는 전략이었다. 한편 아테네인들은 이러한 전략을 수행하는 과정 중에 뜻하지 않은 기회를 얻어 유리한 입장에 서게 되기도 하였다. 아테네에서 페리클레스의 전략은 BC 424년부터는 시행되지 않게 되었다.

2. 펠로폰네소스 전쟁의 발발과 페리클레스의 전략

전쟁의 발발과 전략의 제안

펠로폰네소스 전쟁은 그리스-페르시아 전쟁(Greco-Persian War, BC .494~479) 이후 성장한 아테네와 펠로폰네소스 동맹의 맹주이며 오랫동안 그리스 세계의 패자로 군림해오던 스파르타 간의 갈등으로 인하여 비롯된 전쟁이다. 아테네는 페르시아와의 전쟁을 치르면서 마라톤 전투(The Battle of Marathon, BC 490)와 살라미스 해전(The Battle of Salamis, BC 480)에서 군사적으로 중요한 기여를 하여 그리스 세계의 강자로 등장하게 되었다. 아테네는 전쟁 이후 강력한 해군력을 바탕으로 지배 영역을 넓혀갔고 동맹국들로부터 막대한 세금을 거둬들여 제국으로 성장하였다. 아테네 해군의 지배력은 이집트로부터 시칠리아 그리고 흑해에까지 미쳤다.

이에 비해 스파르타는 전통적인 패자로서 아테네의 부상으로 인해 상대적으로 비중이 약해지고 있었다. 스파르타가 그리스 세계를 지배할 수 있었던 배경은 특별한 공동체적 훈련을 통해 양성된 중장보병이 발휘하는 육상 전력에 있었다. 이것이 스파르타로 하여금 다른 그리스 도시국가들에 대해 군사적 우위를 지니게 하였고 동맹국들을 통제할 수 있게 하였던 것이다. 그러나 스파르타는 해군력을 기반으로 한 아테네와 달리 자유롭게 군사력을 해외로 투사할 수 있는 능력을 갖지 못하였다.

아테네의 눈부신 성장과 이에 대한 스파르타의 견제가 펠로폰네소스 전쟁의 구조적 원인이 되었다. 아테네가 성장하고 이것이 그리스 세계의 역학 관계에 구체적으로 드러나기 시작한 것은 케르키라와 코린토스의 분쟁에 아테네가 뛰어들어 케르키라를 응원한 사건에서부터였다. 자신의 식민지 에피담노스 문제로 코린토스와 마찰이 생긴 케르키라가 아테네에 자신의 해군력이 코린토스에 넘어가지 않게 하는 것이 아테네의 해군력을 보존할 수 있는 방법이라고 설득하자 아테네는 케르키라와 손을 잡고 코린토스를 견제하기 시작하였다.

또한 BC 432년에 아테네의 주변 도시국가들에 대한 적대적인 행동을 통하여 비타협적인 속성을 가진 강력한 아테네의 세력이 드러나게 되었다. 그 대상은 포티다이아와 메가라였다. 포티다이아는 코린토스의 식민지였으나 아테네와 동맹하여 세금을 바치고 있었는데, 포티다이아가 마케도니아와 코린토스의 사주를 받아 아테네와의 동맹에서 이탈할 것을 염려하여 침공하였다. 아테네가 포티다이아에 요구한 것은 코린토스로부터의 행정관을 거부하라는 것이었는데, 이를 포티다이아가 거절하자 함대를 동원하여 포티다이아에서 인질을 잡고 방벽을 제거하였던 것이다.[3]

---

3 Thucydides, *The Peloponnesian war*, 1.57.

또한 같은 해에 아테네는 메가라에 대한 경제 제재를 취하였다. 아테네는 메가라가 아테네의 지배권 안에 있는 항구들을 사용하지 못하도록 하였고, 아테네는 물론 아티카의 시장에서 경제활동을 하지 못하도록 금지하였다.[4] 아테네의 이러한 행동은 스파르타로 하여금 그리스 지역에서 강대해지고 있는 아테네의 힘을 인식하도록 하는 계기가 되었다. 결과적으로 BC 432년에 펠로폰네소스 동맹 회의가 소집되었고 아테네의 지배력이 더 이상 확장되는 것을 두려워한 스파르타는 전쟁을 결정하였다. 페리클레스는 아테네인들에게 스파르타를 상대로 한 전쟁을 수행하는 데 일견 어울릴 것 같지 않은 전략을 제시하였다. 그는 동료 아테네 시민들에게 그들의 조상대로부터 유전한 토지를 포기하고 아테네와 항구인 피레우스를 연결하는 장성으로 피난하라고 하였고, 또한 스파르타인들이 아티카를 포함한 아테네 주변을 습격하여 이를 황폐화할 때 함부로 나서서 대결하지 말라고 조언하였다. 그리고 해군력을 이용하여 필요할 때마다 스파르타의 배후지를 습격하자고 제안하였다.

이상이 펠로폰네소스 측의 실상, 혹은 그에 가까운 상태라고 나는 판단합니다. 이에 반해 우리의 전투조건은 비교할 수 없을 정도로 좋습니다. 적이 우리의 영토를 육군을 가지고 침략해오면, 우리

---

4 Thucydides, 1.67.3.

는 그들의 영토로 군선을 타고 건너가는 것입니다. 설사 우리가 아티카 전역을 잃더라도 그들이 펠로폰네소스 일부를 잃는 것보다 그 손해가 훨씬 가벼울 것입니다. 그 이유는 그들은 그 손실을 보충하기 위해 싸워야 하지만, 우리는 광대한 영토를 대륙이나 해양 여러 곳에 가지고 있기 때문입니다.[5]

요컨대 강점은 바다의 지배에 있습니다. 우리가 섬나라 도시였다면 과거에 우리보다 함락시키기 어려운 도시가 있었을까요? 여러분, 잘 생각해보십시오. 우리는 오늘날에도 되도록 섬나라 도시에 가까운 정책을 채용해 도시나 가옥을 돌아보지 않고 해안 방어와 도시 방어에 유의해야 합니다. 토지나 가옥에 정신이 팔려 분별력을 잃고 수적으로 우세한 펠로폰네소스 육군과 교전해서는 안 됩니다.[6]

페리클레스는 동료 시민들이 자신의 전략을 받아들이기 용이하도록 좀 더 구체적으로 자신의 전략이 가진 장점을 소개하였다. 즉, 해양 전력은 하루아침에 만들어지지 않는다는 것이었다. 한 나라가 해양 세력이 되기 위해서는 많은 자금이 필요하며, 특별한 기술들을 익혀야 하는데, 이러한 일들이 스파르타에게 쉬운 일이 아니라는 것과 만일 스파르타가 훈련을 통해서 기량을 축적하려고 한다면 아테네인들이 해안 봉쇄로 쉽게 막을 수 있다는 것이었다. 아울러 그는

---

5   Thucydides, 1.143.4.

6   Thucydides, 1.143.5.

필요에 따라서 펠로폰네소스로 건너가서 요새를 쌓아 유리한 정세를 조성할 수 있음을 피력하였다.[7]

또한 페리클레스는 그의 전략이 성공하기 위한 조건을 제시하였다. 즉, 그는 "해군력의 양성에 힘쓰는 한편, 지구전 전략을 채용해 전쟁을 통한 판도 확장을 피하고 국가의 안전을 최우선으로 삼으면 이 전쟁을 이겨낼 수 있다"는 것이었다.[8] 그가 중요시했던 것은 아테네가 해양국가로서의 정체성과 전력을 유지하는 것이었다. 다시 말하면 안정적인 전쟁 수행을 통하여 지속적으로 해군력 유지에 필요한 자금이 공급되고, 숙련된 인력이 갑작스러운 전쟁의 확장으로 상실되지 않고 잘 보존되는 것이 페리클레스의 전략을 지탱시켜주는 요체였던 것이다.

페리클레스 전략에 대한 아테네 시민의 반응

페리클레스의 이러한 전략은 그 당시로서는 가히 혁명적인 것이었다. 당시 그리스 세계에서는 국가 간의 분쟁은 각 도시국가들의 자유시민으로 구성된 중장보병들이 주축이 된 밀집방진(Phalanx) 간의 일회적인 격돌로 이루어지는 것이 보통이었다. 특히 대부분의 도시

---

7 Thucydides, 1.142.1~9.

8 Thucydides, 2.65.6.

국가들이 농경국가였으므로 주로 농한기에 짧은 기간의 원정을 통해 결전을 치렀으며, 전투 방식 역시 지극히 단순하게 대형을 이루어 서로 충돌하는 것이 전부였다. 당시 전장에서 지휘관들은 주로 어디에서 싸울 것인가 하는 문제만을 심각하게 고려하였는데, 이는 밀집대형의 특성상 평지에서 전투를 해야 하고 가급적 상대방보다 약간 높은 곳에 자리를 잡는 것이 유리하며 양 측방을 보호할 수 있는 곳을 선택하는 것이 중요했기 때문이다.[9] 이 시기에 해양전략에 눈을 뜨고 장기 지구전을 구상하며 상대와의 전력 차이에 기반을 둔 전쟁 수행 전략을 구상한다는 것은 실로 놀라운 일이 아닐 수 없다.

페리클레스의 전략은 아테네와 스파르타의 전력을 면밀히 분석한 바탕 위에 세워진 전략이었다. 페리클레스는 아테네가 해양 세력임을 잘 알고 있었고 아테네가 결코 스파르타가 보유한 막강한 육군과 교전하여서는 안 되는 현실을 직시하고 있었다. 페리클레스의 전략은 이러한 면에서 본질적으로 해양전략이었다. 해양에서의 우위를 활용하며 그 우위를 지속적으로 지켜가겠다는 전제하에 성립된 전략이기 때문이다. 그리고 페리클레스의 전략은 본질적으로 방어적이었다. 그가 언급하였듯이, 그의 전략은 해안 방어와 도시 방어에

---

9 그리스 중장보병 밀집대형 전투에 대한 추가적인 연구는 F.E. Adcock, *The Greek and Macedonian Art of War*, Berkely: University of California Press, 1957, pp.1~13 참조.

중점을 둔 전략이었다. 또한, 페리클레스의 전략은 억제전략의 원칙을 포함하고 있었다. 스파르타의 침략에 대하여 무력적으로 보복함으로써 상대에게 손실을 강요하고 상대에게 비용을 지불하게 하여 다음 공격을 어렵게 하겠다는 전략이었다.

그러나 페리클레스의 전략은 동료 아테네 시민들로부터 혹평을 받았다. 페리클레스가 당시 아테네 사회에 미친 영향력이 너무나 컸고 그가 시민들로부터 마음속에서 우러나오는 존경을 받았기 때문에 그의 전략대로 전쟁을 수행하게는 되었지만, 이는 본디 그리스 문화에서 존재하던 일상적인 전쟁과는 다른 방식의 전쟁이었다. 특히 젊은이들은 자신의 토지와 가옥이 펠로폰네소스 동맹군에 의해 불타고 있을 때 이에 대항해 싸울 수 없다는 것에 대해 분개하였다.[10] 더욱이 전쟁 2년차에 장벽 내에 과밀하게 수용된 아테네인들 사이에 역병이 발생하자 페리클레스에 대한 원망은 극에 달해 민회는 일방적으로 스파르타에 평화를 요청하는 사절단을 보내기도 하였다.[11] 결과적으로 그는 BC 430년 9월경에 관직에서 추방을 당하고 공금횡령 혐의로 벌금을 물게 되었다. 하지만 아테네인들은 다시 그를 이듬해인 BC 429년 여름에 장군에 임명하였고 국정 업무 전반을 위임하였

---

10 Thucydides, 2.21.2.

11 Thucydides, 2.59.2.

다.[12] 이는 그의 능력과 인품에 대한 평가이기도 하고 또 페리클레스의 전략 외에 딱히 대안이 없는 현실을 반영한 것이기도 하다.

3. 페리클레스의 전략을 바라보는 시각

소모전적 관점

페리클레스의 전략에 대한 평가와 분석은 당대의 아테네 시민들뿐만 아니라 여러 연구가들에 의해서도 행해져왔다. 군사사학자 한스 델브뤽은 페리클레스의 전략이 본질적으로 소모전 전략이라고 정의하면서도 "기다려주지 않는 기회"를 포착할 것을 주장하는 그의 전략이 순수한 소모전전략과는 다르다고 설명하고 있다. 델브뤽은 페리클레스가 냉철한 현실 인식을 바탕으로 소모전 전략을 구상하고 이를 위해 과감히 아티카의 농촌 지대를 희생했다는 점에서 세계사에 오래 기억될 훌륭한 지휘관이라고 주장하였다.[13] 아울러 델브뤽은 전쟁에서 아테네가 패배한 것은 페리클레스의 전략에 문제가 있었

---

12 Thucydides, 2.65.

13 한스 델브뤽, 『병법사』, 민경길 역, 육군사관학교 화랑대연구소, 2006, 142~143쪽.

던 것이 아니라 "전쟁 중에는 새로운 정복을 위해 나서지 말라"고 한 페리클레스의 경고를 무시하였기 때문이라고 설명하였다.[14]

간접접근 전략으로 유명한 리델 하트는 페리클레스의 전략이 상대의 인내력을 지속적으로 소모시켜 상대로 하여금 아테네를 이길 수 없다는 것을 깨닫게 하려는 대전략이라고 평가하고 있다. 리델 하트는 페리클레스의 전략이 아테네에 창궐한 역병으로 인하여 지속되지 못하고 BC 426년부터는 클레온(Cleon)과 데모스테네스(Demosthenes)에 의해 공격적인 전략으로 바뀌었다고 단정하였다.[15] 한스 델브뤽과 달리 리델 하트는 페리클레스의 전략을 실패한 것으로 판단하고 있으며 아테네가 페리클레스의 전략을 수행한 기간을 BC 431년부터 BC 427년까지로 판단하였다.

펠로폰네소스 전쟁에 대하여 다수의 저서를 집필한 도널드 케이건은 페리클레스의 전략이 실패할 수밖에 없는 전략이라고 주장하고 있다. 케이건은 이 전략이 아테네 시민들로부터 근본적인 신뢰를 받지 못하였고, 따라서 시민들로 하여금 전략을 수행하도록 설득하기가 어려웠으며, 무엇보다 상대에게 공포심을 불러일으켜 아테네 공격을 주저하게 만드는 억제 수단이 결여된 절름발이 억제 전략이라

---

14 위의 책, 145쪽.

15 B.H. Liddell Hart, *Strategy*, Second Revised Edition, New York: Praeger Publishers, 1967, p.31.

는 점에서 실패할 운명을 지니고 있었다고 주장하였다.[16]

　케이건은 페리클레스의 전략을 좀 더 구체적으로 분석하고 있다. 그는 전쟁 초기의 1년차 비용을 계산하여 연 전비가 2,000달란트가 소요된 것으로 판단하여 당시 아테네인들이 보유한 6,000달란트를 기준으로 전쟁은 처음에는 3년간만 치러질 수 있는 상황이었다고 설명하고 있다.[17] 케이건은 또한 페리클레스의 전략이 심리적인 것으로 스파르타인들로 하여금 아테네를 굴복시킬 수 없음을 깨닫게 하려는 것이었다고 지적하고 있다. 전략의 지속 기간에 대하여 케이건은 페리클레스의 전략이 BC 426년부터는 시행되지 않았으며 장군들의 독자적인 시도에 의하여 새로운 전략이 수행되었다고 주장하였다.[18]

16　도널드 케이건, 앞의 책, 78~79쪽.

17　위의 책. 케이건에 의하면 해군은 1개월 운용비가 1달란트인 전함 200척이 연 8개월 작전을 기준으로 1,600달란트로 판단하고 육군은 포티다이아 포위를 위해 1일 자신의 몫으로 1드라크마와 시종 몫으로 1드라크마를 받는 중장보병 3,500명이 1년간 지속적으로 작전하였으므로 연 7,000드라크마, 즉 1과 6분의 1달란트에 360을 곱하여 420달란트가 소요되었다고 계산하였다. 따라서 연 전쟁수행 비용은 2,000달란트가 되었다. 케이건은 또한 보유금 5,000달란트 중 1,000달란트는 아테네 시가 직접 공격을 당할 때를 위해 적립해둔 금액이라 실제 사용 금액은 5,000달란트였으며, 매년 동맹국으로부터 헌납되는 600달란트가 있어 총 6,800달란트로 3년간은 전쟁을 수행할 수 있다고 주장하였다.

18　도널드 케이건, 앞의 책, 161~196쪽.

복합적 관점

체스터 스타(Chester G. Starr)는 해양전략의 관점에서 페리클레스의 전략을 분석하였다. 그는 아테네의 전략이 해양 전력의 유용성과 함께 그것에의 지나친 의존이 가져오는 위험성을 잘 보여주는 사례였다고 설명하면서도 아테네가 제국의 수입을 유지하기 위해서 또한 곡물을 수입하기 위해서 어쩔 수 없이 페리클레스의 전략을 수행해야만 하는 당위성을 인정하였다.[19] 스타는 BC 431년부터 421년까지를 페리클레스의 전략이 주도한 시기로 인식하면서 이 기간 동안 아테네인들이 예상보다 훨씬 전쟁을 잘 수행하였다고 하여 페리클레스 전략에 대해 긍정적으로 평가하였다. 그는 해양 세력이 대륙 세력과의 대결에서 승리하는 조건은 유력한 대륙 세력과 동맹하는 것인데 아테네는 그러한 조건 없이도 나름대로 목적을 달성한 것으로 보았다. 스타 역시 투키디데스와 동일하게 아테네인들이 BC 421년 평화협정 이후 시칠리아에 무리한 원정을 한 것이 아테네 패전의 전조였다고 주장하였다.[20]

조시아 오버(Josiah Ober)는 특이한 시각으로 페리클레스의 전략을 평가하고 있는데, 그는 페리클레스가 단순히 해양전략만을 추구

---

19 당시 아테네는 부족한 곡물을 흑해를 통해 러시아 남부에서 수입하였다.

20 Chester G. Starr, *The Influence of Sea Power on Ancient History*, New York: Oxford University Press, 1989, pp.42~45.

한 것이 아니라 동료 아테네 시민들의 동요를 방지하고 전쟁에 대한 지지를 공고히 하기 위해 아티카 일대에 대한 기병작전과 요새지 운용으로 펠로폰네소스 동맹군의 작전을 저지하였다고 주장하였다.[21] 투키디데스에 의하면 BC 431년 펠로폰네소스 동맹군이 아티카로 진군해오자 페리클레스는 기병대를 출격시켜 적의 선발대가 아테네 근교를 유린하는 것을 방지하였다. 프리기아(Phrygia) 지구에서는 아테네 기병과 테살리아 기병의 연합군이 보이오티아 기병과 접전하다가 보이오티아 중무장 원군이 오자 퇴각하기도 하였다.[22] 이후 펠로폰네소스 동맹군은 아티카의 비옥한 지역에 진입하지 않고 떠나가는데 오버는 투키디데스의 기록[23]을 인용하여 아테네인들이 장례식 연설자로 페리클레스를 선임하여 그에 대한 지지 의사를 표명하였다고 주장하였다.[24]

시어도어 조지 차키리스(Theodore George Tsakiris)[25]는 그의 논문 "Thucydides and Strategy: Formations of Grand Strategy in the History of the Second Peloponnesian War(BC 431~404)"에서 페리클레스의 전략이 결

---

21 Josiah Ober, *The Athenian Revolution*, Princeton: Princeton University Press, 1996, p.81.

22 Thucydides, 2.22.2.

23 Thucydides, 2.24.6~8.

24 Josiah Ober, op.cit, p.81.

25 그리스 아테네의 Panteion University of Athens 교수.

정적인 지상전을 피한 것뿐만 아니라 코린토스만을 봉쇄하고 펠로폰네소스반도 일대를 습격하여 스파르타의 전의를 지속적으로 감소시키는 복잡한 전략이라고 평가하였다.[26] 그는 페리클레스의 전략이 성공적인 대전략의 조건을 충족시키는 전략이라고 분석하면서 아테네인들이 전쟁에서 패한 원인은 국력이 부족해서가 아니라 버거운 적을 상대로 너무 많은 전쟁을 치렀기 때문이라고 주장하였다.[27]

차키리스는 페리클레스의 전략이 BC 424년까지 수행되었다고 하면서 BC 426년 이후 새로운 전략이 수행되었다고 하는 케이건의 주장에 반박했다. 차키리스는 BC 426년 데모스테네스가 필로스(Pylos)에 요새를 구축한 것이 페리클레스가 전쟁 전에 밝혔던 펠로폰네소스반도 일대에 요새를 쌓고 스파르타 내부의 노예들의 반란을 선동하려는 구상과 상통함을 지적하면서 BC 424년까지 아테네의 전쟁이 페리클레스의 전략에 의해 일관적으로 수행되어왔음을 주장했다.[28]

---

26 Theodore G. Tsakiris, "Thucydides and Strategy: Formations of Grand Strategy in the History of the Second Peloponnesian War, 431~404 BC", *Comparative Strategy*, No.25, 2006, p.190.

27 Ibid., pp.189~190.

28 Ibid,, pp.191~192.

4. 페리클레스 생존기 전쟁 수행 형태 분석

초기 전쟁 수행 형태

전쟁 개시로부터 페리클레스가 사망한 시점인 BC 429년까지는 페리클레스의 전략에 의해 아테네의 전쟁이 수행되었다. 이 기간에 행해진 아테네의 전쟁 수행 노력을 살펴보면 페리클레스 전략의 본질을 알아낼 수 있다.

이 기간에 아테네인들은 자신들의 토지와 가옥들을 버리고 아테네와 피레우스를 잇는 성벽 안쪽으로 이주하였다. 그리고 아테네인들은 페리클레스의 지휘에 따라 펠로폰네소스인들이 아티카를 유린할 때 잠자코 성 안에서 자신들의 삶의 터전이 파괴되는 것을 지켜보면서 두 가지 측면에서 페리클레스의 전략에 따라 이들 나름대로의 전쟁을 수행하였다. 첫 번째 측면은 단순한 보복이고, 또 다른 측면은 전략적 방어망의 구축이었다.

BC 431년에 아테네인들은 페리클레스가 언명하였던 대로 펠로폰네소스군이 아티카를 유린하는 동안 중장보병 1,000명과 궁수 400명을 이전에 준비해둔 100척의 삼단노선에 승선시켜 펠로폰네소스 연안을 주항하게 하였다.[29] 이 함대의 지휘관은 카르키노스(Carcinus),

---

29 Thucydides, 2.23.2.

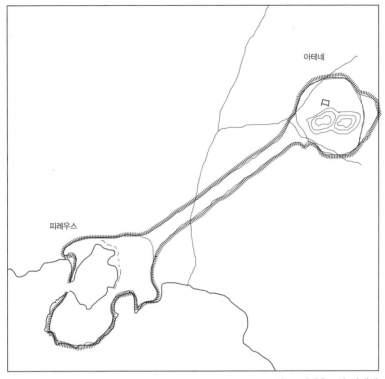

그림 6. 피레우스와 아테네

프로테아스(Proteas), 그리고 소크라테스(Socrates)였다. 이 출격의 목적은 페리클레스의 구상대로 "적이 육군을 가지고 우리의 영토를 침략해 오면 우리는 군선을 타고 적의 영토로 건너가" 적의 영토를 유린하고자 하는 것이었다. 아마도 이 함대는 피레우스에서 나와서 트로이젠을 지나 펠로폰네소스반도 남단인 미네아와 키테라섬을 거쳐 타에나론곶을 지나 서쪽으로 항해를 하였을 것이다.

이 출격은 처음부터 특정한 목표를 가진 것이 아니었다. 펠로폰네소스인들에게 아테네가 해군을 이용하여 무엇인가 해를 끼칠 수 있다는 것을 보여주려는 의도에서 출항한 것이기 때문이다. 때문에 투키디데스 역시 펠로폰네소스반도를 주항하였다는 표현을 썼다. 그리고 이 함대는 나중에 케르키라의 함대 50척과 합류하였다.[30] 이는 전쟁의 발발 원인과 깊은 관련이 있는 중요한 행위였다. 케르키라는 자신이 그리스 세계의 3대 해양 세력의 일원임을 내세워 아테네로 하여금 코린토스와의 대결에서 자신을 지지해줄 것을 호소하였고, 아테네는 제해권을 상실할 것을 염려하여 케르키라를 지원하는데 이것이 아테네가 전쟁을 시작하도록 만든 계기였기 때문이다.[31] 개전 첫 해에 아테네는 바로 이 케르키라 함대와 연합작전을 구사하여 자신이 시작한 전쟁의 목적이 무엇인지 분명히 웅변하였다.

아테네와 케르키라의 연합함대는 펠로폰네소스반도 남해안과 서해안 일대에 상륙하여 지역을 황폐화하였다. 이 함대는 펠로폰네소반도의 연안을 항해 중에 라코니아(Laconia)의 메토네(Methone) 성벽이 견고하지 않은 것을 발견하고 이를 습격했으나 스파르타의 용장 브라시다스(Brasidas)가 개입하는 바람에 퇴각했다.[32] 이후에 연합함대는

30　Thucydides, 2.25.1~2.

31　Thucydides, 1.36.3.

32　Thucydides, 2.25.1~2.

서진을 계속하여 펠로폰네소스반도의 서안인 엘리스 지방의 페이아 (Pheia) 지방을 습격하여 일대를 파괴한 후 다른 지역으로 이동했다.[33]

전략적 요충지 공략

단순한 임의적인 보복과 아울러 아테네가 개전 초부터 중요하게 수행하였던 정책은 아테네 방어를 위한 전략적 요충지를 점령하는 것이었다. 물론 이 정책 역시 해군력을 주요 수단으로 하여 수행되었다. 아테네인들은 해양을 통해서 아테네에 접근할 수 있는 주요 지역에 대한 통제를 위해 필요하다고 생각되는 지역을 점령하고 자신들에게 우호적인 주민들에게 관리를 맡기거나 아니면 직접 아테네 시민들을 이민시켜 식민지를 만들었다. 전쟁 첫 해에는 펠로폰네소스인들이 서진해서 이용할 수 있는 코린토스만과 펠로폰네소스에서 직접 아테네로 동진할 수 있는 길목에 위치한 아이기나(Aegina), 그리고 에게해 북부의 타소스와 인접한 아브데라(Abdera) 해안에 대한 조치를 취하였다.

라코니아를 공격했던 아테네 함대는 전략적으로 중요한 가치를 지니는 코린토스만을 통제하기 위한 일련의 공세를 감행하였다. 코린토스만은 펠로폰네소스 동맹이 함선을 이용하여 손쉽게 아티카 일

---

33 Thucydides, 2.25.3.

대에 상륙할 수 있는 접근로를 제공하기 때문에 아테네로서는 반드시 통제하여야만 하는 지역이었다. 이 공세에는 어떠한 이유에서인지 케르키라의 함대는 제외되었고, 아테네의 함대만이 작전을 수행하였다. 우선 아테네 함대는 코린토스만 입구의 북서쪽에 위치한 아카르나니아(Acrnania) 지방에 진출하여 솔리움(Sollium)을 정복하고 우호적인 관계인 아카르나니아인들에게 주어 통제하게 하였으며, 이어서 솔리움 남쪽의 참주제가 시행되던 아스타코스(Astacus)를 강습하여 함락시켰다.[34] 그리고 함대의 지휘관들은 여세를 몰아 코린토스만 입구에 자리 잡은 케팔라니아(Cephallenia)섬을 공격하여 전투 없이 항복을 받아내었다.[35] 이러한 일련의 공세 후에 아테네 함대는 귀국길에 올랐다.

펠로폰네소스반도 앞에 위치한 전통적으로 중요한 지정학적 가치를 지니고 있던 아이기나에 대해서, 아테네인들은 직접 통치하는 방식을 취하였다. 이 섬은 펠로폰네소스반도의 에피다우로스나 트로이젠으로부터 직접 아테네의 피레우스로 접근하는 세력을 통제할 수 있는 전략적 요충으로 아이기나인들은 아테네에 대해 적대적이었다. 페리클레스는 스스로 이 섬을 피레우스의 눈엣가시라고 부르

---

34 Thucydides, 2.30.1.

35 Thucydides, 2.30.2.

며 전략적 가치와 아울러 중요성을 강조하였다.[36] 아테네인들은 이 섬을 점령하여 아이기나인들을 추방하고 자신의 주민들을 이주시켜 식민지를 건설하였던 것이다.[37]

한편 아테네는 동북부에서의 제국의 안정을 도모하기 위하여 아브데라 시민인 님포도로스(Nymphodorus)를 아테네의 그 지역에 대한 외교 대표자로 임명하였는데 그의 활약으로 인하여 아테네는 트라키아의 왕 테레스의 아들 시탈케스(Sitalces)와 마케도니아의 왕 페르디카스(Perdiccias)와 동맹을 체결하고 트라키아로부터 포티다이아 포위전을 위해 기병과 경무장보병들을 제공받기도 하였다.[38] 아울러 아테네인들은 별도로 30척의 소규모 함대를 출동시켜 아테네에 인접한 에우보이아의 방어를 강화하였다. 이 소함대는 아테네 북부의 로크리스에 침입하여 지역 일대를 약탈하고 오푸스 해안과 인접한 아탈란타(Atalanta)섬에 수비대를 설치하여 로크리스에서 에우보이아를 위협하지 못하도록 하였다.[39]

페리클레스는 스스로 대규모 원정군을 이끌고 메가라로 진군하였다. 이는 메가라에 대한 응징을 단행함으로 아테네 시민들의 분노와

---

36 아리스토 텔레스,『수사학』1411a 15, 도널드 케이건,『펠로폰네소스 전쟁사』, 99쪽에서 재인용.

37 Thucydides, 2.27.1.

38 Thucydides, 2.29.1.

39 Thucydides, 2.26.1~2.

복수심을 풀고자 한 심리적인 것이었다. 페리클레스는 재류 외국인을 포함한 전 중무장 병력을 인솔하였고 메가라 경작지의 대부분을 철저히 유린하고 나서 돌아왔다. 이후에도 아테네인들은 기병대를 동반하여 메가라에 대한 침략을 자주 실시하였다.[40]

BC 430년과 BC 429년에 아테네인들은 BC 431년과 동일한 개념과 방법으로 펠로폰네소스인들의 아티카 침공에 대항하였다. 펠로폰네소스인들은 BC 430년 여름에 아티카로 진군해 왔으며 때마침 아테네에는 역병이 발생하여 많은 이들이 목숨을 잃었다.[41] 아테네인들은 다시금 100척의 함대에 중장보병 4,000명을 승선시키고 새로이 고안한 말 수송선에 300명의 기병을 탑승시켜 펠로폰네소스 강습에 나섰다. 이번에는 키오스와 레스보스의 함대 50척이 동행하였다. 연합함대는 아티카 침략에 대한 보복으로 펠로폰네소스반도의 에피다우로스, 트로이젠, 할리에이스, 그리고 헤르미오네 등지를 유린하였다.[42]

또한, 아테네인들은 BC 430년에 전략적 방어망을 견고히 하기 위하여 포르미온(Phormio)을 지휘관으로 하여 20척의 삼단노선으로 나우팍토스(Naupactus)를 점령하게 하였다.[43] 나우팍토스는 코린토스만

---

40 Thucydides, 2.31.1~3.

41 Thucydides, 2.47.1.

42 Thucydides, 2.56.1~4.

43 Thucydides, 2.69.1.

입구에 위치하여 만으로의 출입을 통제할 수 있는 곳이었다. 아테네는 전쟁 기간 동안 나우팍토스의 중요성을 잘 인지하여 이를 항상 점령하였다. 그 외에 아테네가 취한 군사적 행동은 반란이 계속 진행 중인 포티다이아에 추가로 증원 병력을 파견한 것이었다.[44]

BC 429년에 아테네인들은 동북부의 트라키아 지방에 중장보병을 2,000명 파견하여 지방 일대를 평정하고자 하였으나 실패로 끝나고 말았다.[45] 이 해에는 펠로폰네소스에 대한 보복적 강습이 이루어지지 않았다. 펠로폰네소스 동맹군이 아티카를 초토화하지 않았기 때문이다. 펠로폰네소스군으로서는 아티카에 이미 남아 있는 것이 없고 또 전염병에 감염될 것이 두려워 아티카 대신 플라타이아(Plataia)를 침공하였던 것이다. 플라타이아에 대한 공격은 BC 431년 테베에 의해 시작되었다. 이 시기에 이르러서는 펠로폰네소스 동맹군이 플라타이아의 포위전에 가담하였다. 플라타이아는 이후 저항을 계속하다가 BC 427년에 항복하고 만다.[46] 특기할 만한 것으로 포르미온은 나우팍토스 인근 해역에서 2차에 걸쳐 펠로폰네소스의 함대를 격파하였다. 수적으로 펠로폰네소스 동맹의 해군이 훨씬 우세하였는데도 불구하고 아테네 해군의 우세한 기량을 바탕으로 포르미온이 과

---

44 Thucydides, 2.58.1.

45 Thucydides, 2.79.1~2.

46 Thucydides, 3.52.1.

감하게 공세를 취하여 승리를 거두었던 것이다.[47] 아테네인들은 코린 토스만 통제를 공고히 하기 위하여 아카르나니아 남단의 아스타코 스(Astacus)에 상륙하여 위험한 인물들을 축출하고 아테네에 우호적인 인물들로 정권을 잡도록 하였다.[48]

5. 페리클레스 사후 전쟁 수행 형태

적극적 공세로의 전환

페리클레스가 BC 429년 7월 역병으로 세상을 떠난 후 아테네인들 은 특별한 대안 없이 페리클레스의 전략을 그대로 수행했다. 평화를 옹호하는 니키아스(Nicias)와 전쟁을 옹호하는 클레온(Cleon)이 페리클 레스 사후 아테네의 정국을 주도하지만 스파르타로부터 공격을 받는 와중에는 우선 아테네를 보호하고 전쟁 수행 능력을 제고하는 수밖 에 특별한 방법이 없었기 때문이다.[49] BC 428년 펠로폰네소스 동맹 군이 아티카 일대를 유린하자 아테네인들은 다시 보복성 강습과 전

---

47 Thucydides, 2.84.

48 Thucydides, 2.102.1.

49 도널드 케이건, 앞의 책, 131~132쪽.

략적 방어망 강화를 시도했다. 이번 강습은 30척의 선단으로 구성된 함대에 의해 라코니아 일대를 위주로 행해졌고, 지휘는 명제독인 포르미온의 아들인 아소피오스(Asopius)가 맡았다. 이 함대는 항해를 계속하여 나우팍토스에 도착한 후 반란을 일으킨 아르카나니아 평정에 개입했는데 성공을 거두지는 못했다.[50] BC 428년 아테네의 행동은 비록 규모는 작았지만 명백히 페리클레스의 전략에 준한 것이었다.

그러나 BC 427년 아테네의 움직임은 다소 다른 양상을 보여주었다. 이는 아테네의 전략이 바뀐 것이 아니라 아테네를 둘러싼 환경들이 아테네에게 특별한 행동들을 요구하였기 때문이다. 아테네는 레스보스섬에 있는 도시국가들이 미틸레네(Mytilene)의 주도로 일으킨 반란을 평정해야 했고, 케르키라에서 일어난 내란을 중재하기 위해 12척의 배와 500명의 동맹군을 나우팍토스에서 보내야 했다. 그리고 아테네인들은 시칠리아에서 발생한 내전에 개입하였다. 내전에 개입한 이유는 시칠리아에서 펠로폰네소스로 식량이 유입되는 것을 막기 위해서였고 아테네인들이 시칠리아를 지배할 수 있는지 탐색해보려는 것이었다.[51] BC 427년은 아테네인들에게 무척 어려운 해였다. 계속되는 전쟁으로 재정이 궁핍해지기 시작했고 역병으로 많은 사람들이 죽었으며 동맹인 플라타이아를 상실했는데, 이러한 곤란

---

50 Thucydides, 3.7.2~5.

51 Thucydides, 3.86.4~5.

속에서도 아테네는 어쩔 수 없이 동맹의 유지와 펠로폰네소스 동맹의 견제를 위한 방책을 취했던 것이다.

BC 426년에 들어 아테네인들은 적극적인 행동을 취하였다. 이들의 행동이 이전과 달리 적극적이라 학자에 따라서는 이 시기부터는 페리클레스 전략이 아닌 새로운 전략이 아테네인들에 의해 추구되었다고 주장하고 있다.[52] 한 가지 특이한 것은 이 시기에 펠로폰네소스 동맹군에 의한 아티카 유린이 없었음에도 불구하고 아테네인들이 적극적인 공세를 펼친 것이다. 사실 펠로폰네소스인들이 아티카 침공을 위해 지협까지 접근하였으나 지진이 발생하여 침략을 포기하고 회군하였던 것이다.[53] 아테네는 데모스테네스로 하여금 30척으로 구성된 함대를 인솔하고 펠로폰네소스 연안을 항해하게 하였다.[54] 데모스테네스는 또 다른 원정대인 니키아스가 지휘하는 60척으로 구성된 함대가 멜로스에서 작전을 전개하는 동안 펠로폰네소스에 머물다가 펠로폰네소스 서안을 따라 이동하여 코린토스만 입구에서 레우카스 지방을 유린하고 아이톨리아 원정을 시작하였다. 한편 니키아스의 함대는 멜로스섬의 주민들이 굴복하지 않자 에우보이아 맞은편의 오포로스에 상륙하여 다른 아테네군과 합류해 타나그라군

---

[52] 대표적인 경우가 도널드 케이건이다.

[53] Thucydides, 3.89.1.

[54] Thucydides, 3.91.1.

과 테베군을 격파하고 로크리스 해안을 약탈한 다음 복귀하였다.[55]

데모스테네스와 니키아스의 원정은 그동안 아테네가 행해오던 일상적인 전략적 방어망 구축의 일환으로 볼 수 있다. 우선 그들이 활동한 지역이 통상적으로 아테네인들이 작전을 전개해오던 코린토스만 입구와 아테네 동북부의 로크리스 지방이기 때문이다. 그리고 이들의 작전은 펠로폰네소스 동맹군의 아티카 침공 의도와 관련이 있다. 왜냐하면 투키디데스가 펠로폰네소스 동맹군의 '지협'까지의 진공을 먼저 기록하고 있기 때문이다. 아마도 멜로스섬에 상륙한 니키아스의 함대는 처음부터 방어망 형성을 위해 진격하였을 것으로 추측되고, 그때까지 아무런 행동을 취하지 않고 펠로폰네소스반도 주변에 머물고 있던 데모스테네스의 함대는 펠로폰네소스 동맹군이 아티카를 공격할 경우 보복 작전으로 펠로폰네소스를 유린하기 위한 부대였을 것으로 짐작이 된다. 다만, 데모스테네스는 펠로폰네소스 동맹군이 아티카를 유린하지 않자 보복 작전을 포기하고 대신 레우카스를 공략하여 전략적 방어망을 공고히 하였던 것으로 생각된다. 이러한 맥락에서 본다면 아테네의 BC 426년의 작전 역시 페리클레스의 전략에 입각한 행동임을 알 수 있다.

논란의 소지가 될 수 있는 것이 데모스테네스의 행동인데 그는 메세니아의 원군을 활용해서 아이톨리아를 정벌하고 육로를 거쳐 보

---

55 Thucydides, 3.91.4~6.

이오티아까지 진군하고자 하였다. 그가 이러한 결심을 하게 된 계기는 아카르나니아인들의 권유도 있었지만, 이를 통해 코린토스만과 연안 지역에 위치한 국가들이 아테네의 동맹국으로 변할 수 있다는 개인적인 확신 때문이었다. 결국 그는 그곳에서 아이톨리아인들의 경보병 전술에 꼼짝없이 당하고 나서 아테네로 귀국하지 않고 나우팍토스에 머물다가 겨울에 이 지방을 습격해온 스파르타군과 암브로키아군의 연합군을 소수의 아테네군과, 메세니아군, 그리고 암필로키아군의 연합군을 활용 경보병 전술로 격파하였다.[56] 그는 자신이 자의적으로 한 작전에 대한 실패로 인해 귀국하지 못했던 것이다. 이러한 측면을 고려해볼 때 데모스테네스의 작전은 그의 개인적인 동기에 의해 치러진 별도의 작전으로 이해되어야 한다.

아테네의 425년 작전 역시 동일한 맥락에서 해석될 수 있다. 아테네인들이 데모스테네스가 펠로폰네소스반도 남단의 필로스(Pylos)에 요새를 쌓고 이를 제거하기 위해 달려온 스파르타의 군대를 격파하자 펠로폰네소스 전쟁의 중요한 전기를 맞이하게 되었다. 또한 양측의 일시적인 휴전이 깨어진 이후에 아테네의 민회에서 클레온이 필로스 남쪽에 있는 스팍테리아(Sphacteria)섬에 있는 스파르타군을 간단하게 정벌하고 120명의 스파르티아테스(Spartiates, 완전시민)을 포함한 292명을 포로로 잡자 일순간에 전쟁은 아테네인들에게 유리하게 전

---

56 Thucydides, 3.97~98; 3.105~112.

개되었다.[57] 아테네인들은 펠로폰네소스 동맹군이 아티카를 노략해 오면 포로들을 죽이기로 결정하였다.[58] 당황한 스파르타인들이 아테네에 사절단을 보내와 필로스와 포로들의 반환을 요구하였지만 아테네인들은 거절하였다.[59]

BC 425년의 필로스 작전은 펠로폰네소스반도에 대한 보복 작전의 일환으로 실시되었다. 연초에 아테네인들은 펠로폰네소스 동맹군에 의한 아티카 유린을 겪었다.[60] 그 이후 아테네인들은 케르키라의 친아테네파를 지원하기 위한 40척 규모의 함대를 파견하였다. 이 함대를 파견하는 와중에 아테네인들은 아카르나니아에서 돌아와 아무것도 하지 않던 데모스테네스에게 펠로폰네소스에 대하여 함대를 이용하여 무엇인가 하고 싶다면 할 수 있는 권한을 주었다.[61] 아마도 아테네인들은 데모스테네스가 스파르타인들의 근거지에 대하여 보복해 주기를 원했을 것이다. 그렇지 않다면 굳이 데모스테네스를 케르키라로 가는 함대에 합류시키지 않았을 것이다. 이를 뒷받침하는 것이 데모스테네스에게 펠로폰네소스에 대하여 무엇인가를 할 수 있으면

---

57 Thucydides, 4.38.4.

58 Thucydides, 4.41.1.

59 Thucydides, 4.41.3.

60 Thucydides, 4.2.1.

61 Thucydides, 4.2.4.

하라는 제안이었다. 결국 계속된 전쟁으로 따로 보복 작전용 함대를 출격시키지 못하는 아테네인들이 궁여지책으로 고안한 것이 데모스테네스의 재기에 의지하여 케르키라의 친아테네파를 원조하러 가는 길에 무엇인가 스파르타인들에게 앙갚음을 하게 하는 것이었다.

제국주의 전쟁

그러나 BC 424년 아테네인들은 이전과는 다른 행동 양상을 보였다. 그들은 단순한 보복 작전과 방어망 구축에서 벗어나 주변의 적대 국가들을 점령하려 시도하였던 것이다. 그 첫 번째 대상은 메가라였다. 메가라는 앞서 언급하였듯이 아테네인들에 의해 주기적으로 유린당하던 국가였다. 그런데 아테네인들은 BC 424년에는 메가라를 영구히 점령하여 펠로폰네소스반도로부터 오는 위협을 아예 없애려고 하였다.[62] 뿐만 아니라 아테네 북쪽에 자리한 보이오티아 역시 점령하려고 시도하였다. 이는 데모스테네스에 의해서 주도되었으며, 그는 보이오티아를 점령하여 친아테네파가 주도하는 공화정 국가를 수립하고자 하였다.[63]

BC 424년에도 아테네인들은 함대를 파견하였다. 그런데 이 함대

---

62 Thucydides, 4.66.4.

63 Thucydides, 4.76.2.

의 작전 역시 이전의 작전과는 다른 성격을 지니고 있었다. 이전의 함대들은 펠로폰네소스반도 일대에 대한 보복 강습을 실시하거나 아테네의 전략적 방어망을 강화하기 위한 작전들을 실시하였다. 그러나 424년에 출항한 아테네 함대는 기존의 어느 범주에도 들지 않는 독특한 작전을 수행하였는데, 그것은 펠로폰네소스 앞바다의 키테라(Cythera)를 점령한 것이었다.

키테라는 펠로폰네소스반도에서 멀리 떨어진 바다에 자리 잡고 있는 섬이다. 이 섬은 펠로포네소스반도의 라코니아에 대한 접근을 직접 통제할 수 있는 곳이며 시칠리아나 크레타로 진출하는 길목에 있는 전략적인 요충지였다. 그리스에서 이집트나 리비아로 가는 상선들은 키테라에 기항하곤 하였다. 아테네인들이 키테라를 점령하면 손쉽게 펠로폰네소스에 대한 강습을 감행할 수 있으며 이 섬을 중심으로 한 해상교통을 차단할 수 있는 곳이다. 60척의 아테네 함대에 승선한 2,000명의 아테네 중장보병과 소수의 기병이 니키아스 등의 지휘 아래 이 섬을 점령하였던 것이다.[64]

결국 키테라 상륙은 펠로폰네소스를 견제할 수 있는 전략적인 필요성에 의하여 행해진 것으로 BC 424년의 메가라와 보이오티아에 대한 공격과 같이 공세적인 맥락에서 이루어진 작전이었다. 물론 아테네인들은 이 작전에 대한 아이디어를 필로스의 성공에서 찾을 수

---

64 Thucydides, 4.53.1.

있었을 것이다. 그리하여 동일한 관점에서 펠로폰네소스반도를 견제하고 스파르타에 대한 유린이 용이한 지역을 찾아 점령하고자 하는 시도를 하였을 수 있다. 그러나 필로스 작전이 펠로폰네소스에 대한 보복에서 비롯된 것임에 비하여 키테라 점령은 처음부터 의도적으로 공세적인 목적하에 이루어진 작전이었다. 즉 페리클레스가 경고하였던 전쟁의 판도를 확장하기 위한 행동이었다.

이후 전쟁의 주도권은 스파르타의 장수인 브라시다스(Brasidas)가 트라케로 진군하면서 스파르타에게 다시 넘어갔다. 브라시다스는 트라케의 암피폴리스(Amphipolis)를 공격하여 필로스와 키테라(Kytera)를 근거지로 삼아 스파르타를 괴롭히는 아테네의 공격을 완화시키고 아테네의 곡물 공급을 위협하고자 하였다. 당시 이곳의 수비 책임을 맡은 투키디데스가 암피폴리스를 방어할 수 있는 곳에서 멀리 떨어져 있는 동안 브라시다스는 협상을 통해 암피폴리스를 간단하게 점령하였다. 이후 1년여의 휴전이 성립되고 암피폴리스를 회복하기 위하여 아테네에서 클레온이 파견되어 브라시다스와 일전을 벌인 후 아테네 측이 패배하고, 특히 양측의 주전론자인 브라시다스와 클레온이 전사하자 BC 421년 스파르타와 아테네 간에 휴전이 성립됨으로써 전쟁의 첫 막이 끝나게 되었다.[65]

결과적으로 아테네인들이 페리클레스의 전략을 포기한 시점을 BC

---

65 Thucydides, 5.18.1.

424년부터로 볼 수 있다. 펠로폰네소스 전쟁 개시 이래 아테네인들은 페리클레스의 전략에 근거하여 펠로폰네소스인들의 아티카 침공에 대해 직접적인 지상전에 의한 대결을 회피하면서 해군을 이용하여 펠로폰네소스반도에 대한 보복 작전과 아테네의 전략적 방어망을 강화해왔었다. 이와 달리 BC 424년부터는 지상군과 함대를 활용하여 주변 지역에 적극적인 공세를 펼쳤던 것이다.

6. 페리클레스 전략의 평가

페리클레스의 전략은 아테네와 스파르타의 강·약점을 면밀히 분석하여 수립된 것이었다. 그의 전략은 해양전략이며 방어적이며 또한 억제전략이었다. 페리클레스는 아테네가 해군을 유지할 수 있는 한 생존할 수 있음을 잘 알고 있었고 무모한 지상 결전을 추구할 경우의 위험성을 잘 알고 있었다. 그는 전쟁의 주도권을 비록 상대에게 내주기로 했지만 보복 작전을 통해 제한되나마 억제력을 발휘하고자 했고, 방어적인 요충지역을 전략적으로 점령하면서 아테네에 대한 방어를 점차 더 강화해가고자 했다. 결국 이러한 양상이 계속될 경우 스파르타가 전쟁에 지쳐 포기할 가능성도 내다보았을 것이다.

아테네인들의 작전 형태 분석에 의하면 페리클레스의 전략은 BC 431년부터 425년까지 시행되었다. BC 431년부터 425년까지 아테네인들은 분명한 두 가지 유형의 작전을 구사하였는데 첫 번째는 펠로폰네소스 동맹군이 아티카를 유린할 때마다 펠로폰네소스반도 연안에 대한 보복 강습을 실시하는 것이었고, 다른 한 가지는 아테네의 방어에 유리한 지역을 선점하는 전략적 방어망을 구축하는 것이었다. 결국 페리클레스의 전략은 BC 431년부터 시행되어 그의 죽음에도 불구하고 BC 425년까지 아테네의 펠로폰네소스 전쟁 수행 기간 기본 전략으로 활용되었다.

페리클레스의 전략을 수행하는 도중 아테네인들은 필로스에서 뜻하지 않은 기회를 맞이하게 되어 처음으로 전쟁에서 주도권을 행사할 수 있게 되었다. 이러한 성공에 영향을 받은 아테네인들은 BC 424년부터는 페리클레스의 전략을 포기하고 아테네 인근 국가들을 점령하거나 스파르타를 견제할 수 있는 전략적 요충에 위치한 도서를 점령하려는 전쟁의 판도를 확장하는 행동을 취하기 시작하였다.

페리클레스의 전략이 가져온 성과는 만족스러운 것이었다. 최소한 아테네가 수년간 전쟁을 지속할 수 있었던 것은 순전히 그의 전략 때문에 가능한 일이었다. 또한 BC 425년 필로스에서 호기를 맞이하였던 것 역시 그의 전략이 낳은 결과였다. BC 424년 이후 발생한 키테라, 메가라, 그리고 보이오티아에서의 행동은 페리클레스가 원하였던 것은 아니었다. 결국 아테네인들은 스파르타인들로 하여금 트라케로 눈을 돌리게 하였고, 그 결과 BC 424년 우세를 상실하고 휴전을 맺게 되었다.

제4장

고전기 그리스 전투에서
경보병의 활약과 한계

고전기 그리스 전투에서
경보병의 활약과 한계[1]

1. 그리스 시대 경보병의 존재

펠로폰네소스 전쟁(BC 431~404) 기간 그리스인들은 이전 시기에 발달한 중무장 보병으로 구성된 밀집방진에 의한 전투 대신 경보병을 활용한 전투가 매우 유용함을 발견하였다. 아테네의 경우 장군인 데모스테네스(Demosthenes)가 BC 426년 산악지대인 아이톨리아(Aitolia) 지방의 원주민들로부터 비싼 값을 치르고 배운 경보병 전술을 활용하여 이듬해 스파르타에 인접한 스팍테리아에서 스파르타군을 격파하고 전쟁의 전환기를 마련하기도 하였다.

---

1   이 장은 『서양사론』 Vol. 107, 2010에 게재된 「고전기 그리스에서 나타난 경보병의 발달과 그 한계」를 수정하였음.

경보병은 일반적인 정규 부대에 비하여 가벼운 장비로 무장되고 비통상적으로 사용되는 전술과 교리에 의하여 움직이는 부대나 병종을 일컫는다. 보통 경보병은 현대전의 경우 적지역의 종심에서 파괴 및 정찰 등 특별한 임무를 수행하며, 정규전에 사용될 경우 정규군의 임무를 보조하는 역할을 수행한다. 경보병은 정규군이 하기 어려운 다양한 임무수행 능력을 가지고 있어 지휘관에게 많은 전술적 융통성을 제공한다.

한편 경보병이 갖는 일반적인 특성에 더하여 유럽의 군사사에 있어서 경보병은 특별한 역사적 의의를 지니고 있다. 경보병들이 중세 유럽의 중무장한 기사들을 제치고 군사적인 강자로 등장하여 봉건제도의 붕괴를 촉진하였기 때문이다. 이들이 바로 백년전쟁의 크레시 전투(Battle of Crécy, 1346)와 아쟁쿠르 전투(Battle of Agincourt, 1415)에서 활약한 영국의 장궁수들이었으며 유럽 각지에서 용병으로 채용된 스위스의 창병들이었다. 이들은 오랫동안 중무장 기사들이 누려오던 우월한 군사적 지위를 일거에 무너뜨리고 새로운 전장의 주역으로 등장하였던 것이다.

그러나 고대 그리스의 경보병들은 뛰어난 성과에도 불구하고 중장보병들을 대신하여 전장의 주역으로 자리매김하지 못하였다. 당시 그리스 세계에서는 여전히 중장보병을 활용한 방진이 가장 유력한 전술로 각광 받았으며 펠로폰네소스 전쟁 이후 테베가 스파르타를 패배시킨 것 역시 이러한 전술이었다. 심지어 펠로폰네소스 전쟁 이후 급증한 용병들도 주로 중장보병으로 구성되었고 경보병은 보조병으로서 활약하였다.

이 장에서는 중세 유럽의 군사사에서 경보병들이 했던 역할을 왜 고대 그리스 세계의 경보병들은 하지 못하였는가 하는 의문에서 출발하였다. 좀 더 정확하게 말하면 고대 그리스의 경보병들이 중장보병대신 전장의 주역으로 등장하지 못한 이유를 탐구하고자 하는 것이다. 중세 기사들과 영국의 장궁수들 사이에 형성된 신분의 격차는 고대 그리스의 중장보병을 구성하는 시민들과 경보병의 대상인 무산자들과 유사하다. 또 영국의 장궁수나 고대 그리스의 경보병 모두 우수한 무기체계를 지니고 있었고 효율적인 전술을 구사하였다. 그런데 영국의 장궁수들과 스위스 창병들이 했던 역할을 고대 그리스 경보병들은 하지 않았던 것이다.

2. 경보병의 태동

전통적 경보병

경보병은 일반적인 정규 부대에 비하여 가벼운 장비로 무장되고 비통상적으로 사용되는 전술과 교리에 의하여 움직이는 부대나 병종을 일컫는다. 보통 경보병은 현대전의 경우 적지역의 종심에서 파괴 및 정찰 등 특별한 임무를 수행하며 정규전에 사용될 경우 정규군의 임무를 보조하는 역할을 수행한다. 경보병은 정규군이 하기 어려운 다양한 임무수행 능력을 가지고 있어 지휘관에게 많은 전술적 융통성을 제공한다.

고대 그리스 세계에서 경보병은 일반적인 군사 조직으로서, 중장보병의 보조수단으로서, 혹은 지역적으로 특성화된 무기체계에 숙달된 기능별 조직으로 나뉘어 발전하여 왔다. 보조수단으로서 경보병은 중장보병의 무장을 운반하고 전장에서의 숙영을 도우며 약탈이나 정찰 등 단순한 군사적 임무를 수행하였다. 기능별 조직으로 발달한 경보병은 일찍부터 전문성을 인정받아 용병으로 활용되었다.

일반적으로 전해지는 중장보병의 보조수단으로서의 경보병은 한스 델브뤼크(Hans Delbrück)의 연구에 잘 나타나 있다. 델뷔뤼크에 의하면 중장보병들은 스스로 장구류를 운반하여야 했으며 또 식사 등 필요한 보급문제를 스스로 해결하여야 했다. 때문에 이러한 필요를 위하여 이들은 각자 보조인 한 명씩을 대동하였는데 그 보조인들이 간단한 무장을 하였으며 약탈이나 적지역을 황폐화하는 일들에는 이러한 보조인들이 오히려 적임이었다는 것이다.[2] 오버(Josiah Ober) 역시 동일한 주장을 하고 있는데, 그는 가난한 자유인이나 노예들이 중장보병들의 장구류를 운반하는 일을 수행하였다고 하였다. 오버의 경

---

2   한스 델브뤼크, 『병법사』, 민경길 역, 육군사관학교 화랑대연구소, 2006, 42쪽.

우 이 보조 인력들이 그다지 유능한 전투원이 아니었다고 기록하고 있다.[3] 세이지(Michael M. Sage)는 경보병들이 매복 임무나 패배한 상대 중장보병들을 추적하는 임무에 활용되었다고 주장하였다.[4]

위와 같이 경보병이 중장보병의 보조역할을 수행하였던 것을 생각해보면 이들 경보병의 출현이 중장보병과 비슷한 시기에 있었음을 짐작할 수 있다. 중장보병이 착용하는 장구류는 상당히 무거웠다. 청동 투구, 흉갑, 정강이 보호대, 방패, 그리고 창은 혼자서 장시간 운반하기에는 무거운 장비였다. 중장보병들이 충원되는 사회계층은 제우기타이(zeugitae)라고 불리는 이 계층은 적어도 한 명의 종자를 수행할 수 있는 능력이 되었다. 참전자가 노예를 대동하는 것이 마땅치 않을 경우 가족 중의 한 명이 참전하는 중장보병을 수행하기도 하였다.[5] 이렇게 전쟁에 주인이나 가족을 따라 종군한 이들이 전장까지는 장구류를 운반하고 전장에서는 식사를 준비하고 특별한 지시에 따라 제한된 임무를 수행하며 경보병의 기원이 된 것은 어렵지 않게 추론할 수 있다.

3   Josiah Ober, *The Athenian Revolution*, Princeton: Princeton University Press, 1996, p.60.
4   Michael M. Sage, *Warfare in Ancient Greece*, New York: Routledge, 1996, p.42.
5   한스 델브뤽, 앞의 책, 49쪽.

기능적 경보병

기능적인 경보병들은 특별한 지역에서 특정한 무기체계의 숙달로 인해 발달하였다. 대표적인 경우가 궁수들이다. 고대 그리스 세계에서 가장 명망이 높았던 궁수들은 스키타이인들이었다. 이들은 민족 형성 신화에서 나타난 대로 활쏘기가 사회 구성원의 필수적인 자격요건으로서 요구되는 사회적 환경 속에서 생활하였다.[6] 이들 스키타이인들은 아테네에 의하여 용병으로 BC 6세기 중반부터 채용되었다.[7] 스키타이 궁수들은 아테네의 중장보병과 함께 전투에 참여하거나 도시에서 경찰로 활약하였다.[8] 투키디데스는 아테네 궁수들의 수가 1,600명이라고 기록하고 있다.[9] 한편 크레타에서도 유능한 궁수들이 많이 배출되어 스파르타에 의해 용병으로 활용되기도 하였다.[10]

궁수에 이어 대표적인 기능별 경보병으로 꼽힐 수 있는 것은 트라키아 지방에서 많이 배출되었던 투창병들이다. 이들은 펠트(pelte)라는 위아래가 오목하게 패인 방패로 몸을 방호하며 투창용 단창(jave-

---

6   Herodotos, *The Histories*, 4.5.1~10.5. 여기에서는 Aubrey de Sélincourt가 번역하고 John Marincola가 다시 검토한 2003년도 Penguin Classics 출판본을 사용하였음.

7   John Warry, *Warfare in the Classical World*, Norman: Oklahoma, 2006, p.42.

8   Ibid., p.42.

9   Thucydides, *The Peloplnnesian War*, 2.13.8.

10   Pausanias, *Guide to Greece*, 4.8.3., Sage, 1996, p.43에서 재인용.

lin)으로 무장하였다.[11] 이들은 수 개의 1.1m 내지 1.6m 길이의 단창들을 휴대하였으며 적을 공격할 때에는 단순히 손으로만 던지지 않고 창에 연결된 투척용 고리를 사용하여 정확도를 높였다. 그리스인들은 페르시아와의 전쟁에서 단창의 효용을 인지하게 되었고 이후에 이들을 용병으로 고용하게 되었다.[12]

아테네에서 용병들이 경찰로 운용되었던 이유는 간단하게 설명될 수 있다. 당시 가장 우수한 전투력을 지닌 조직은 중장보병이었다. 이들 중장보병은 평소 특정한 수준 이상의 자산을 지니고 생산활동에 종사하던 제3계층에서 선발되었다. 때문에 이들을 평소에 도시에서 치안을 목적으로 운용할 수가 없었다. 따라서 아테네에서는 공공기금을 조성하여 경보병들을 고용하여 치안 임무를 담당하도록 하였던 것이다.

마지막으로 기능별 경보병으로 언급될 수 있는 것이 투석병들이다. 투석병은 가죽으로 된 끈에 탄환이 되는 물체를 감아 돌리다가 이를 풀어 놓아 멀리 던지는 식으로 전투를 수행하였다. 투석병은 로도스 지방의 투석병들이 유명하였다. 이들은 다른 지방의 투석병들보다 굵은 탄두를 사용하고 또 먼 거리를 던질 수 있는 것으로 정평이 나 있었는데, 심지어 이들은 궁수들이 활을 쏘는 것보다 멀리

---

11 John Warry, op.cit, p.50.

12 Ibid., p.50.

돌이나 납덩어리를 던질 수 있었다. 크세노폰(Xenophon)은 이들의 장점을 『아나바시스(*Anabasis*)』에 자세히 기록하였다.[13]

3. 경보병의 발달

아테네군의 학습

펠로폰네소스 전쟁은 이러한 경보병들의 가치를 입증하는 중요한 계기가 되었다. 이 시기 그리스인들, 특히 아테네인들은 경보병의 전술적 가치에 눈을 뜨게 되었다. 아테네인들은 펠로폰네소스 전쟁의 개전과 더불어 페리클레스가 언명한 대로 지상전에서의 결전을 회피하고 해군을 이용한 억제전략을 전개하였다.[14] 아테네의 정치 지도자들은 펠로폰네소스 동맹군이 아티카 일대를 침범하여 황폐화하면 선단을 구성하여 동맹의 지역 일부에 상륙하여 황폐화하는 것으로 맞대응하였다. 전통적으로 중장보병으로 구성된 방진들이 서로 격돌하여 승패를 결정짓던 전쟁방식과 현저히 달랐던 아테네의 이 전략으로 전쟁은 장기화 될 수밖에 없었다. 그러던 중 아테

---

13 Xenophon, *Anabasis*, 3.4.1~16.

14 Thucydides, 1.140.1~146.2 참조.

네인들은 BC 425년에 경보병의 활약으로 중요한 승리를 쟁취할 수 있었다.

아테네의 펠로폰네소스 동맹에 대한 승리는 아이톨리아인에 대한 아테네의 뼈아픈 패배로부터 출발하였다. BC 426년 장군이 된 데모스테네스는 아테네와 동맹인 메세니아의 환심을 사고 펠로폰네소스 동맹의 일원인 보이오티아의 배후를 공격하려는 계획을 세웠다. 이를 위한 포석으로 그는 아이톨리아를 정복하고자 하였다. 그러나 이 정복 작전에 필요한 아카르나니아인들과 케르키라의 함대가 그를 떠났음에도 불구하고 그는 메세니아인들이 아이톨리아를 손쉽게 정복할 수 있다고 한 조언을 믿고 작전을 개시하였다. 특히 아이톨리아인들은 경보병들이라 데모스테네스는 로크리스의 경보병들을 기다려야 했지만 그는 기다리지 않고 먼저 공격을 시작하였다.[15]

결과는 심각한 참패였다. 험난한 지형을 배경으로 아이톨리아인들은 신속하게 움직이면서 둔중한 아테네의 중장보병들이 전진하는 동안 날쌔게 단창을 던지고 도망가는 방식으로 전투를 하였다. 아테네인들은 아이톨리아의 투창병들을 견제할 궁수를 보유하고 있었지만 지휘관이 전사하자 이내 흩어져버렸다. 결국, 아테네의 중장보병들은 대형이 무너져 숲으로 도주하였고 이 숲에 아이톨리아인들이 불을 지르자 전투는 종료되었다. 아테네의 중장보병 300명 가운데

---

15 Thucydides, 3.95.1~97.3.

120명이 사망하였다. 데모스테네스는 이 패배로 인하여 아테네로 귀국하지 못하고 나우팍토스에 잔류하였다.[16]

경보병의 활용

데모스테네스는 적어도 자신의 실수를 통하여 교훈을 배울 수 있는 자였다. 자신이 습득한 경보병의 전술을 스파르타군과의 전투에서 활용한 것이다. 아이톨리아인들에게 패배한 이듬해, 그는 시칠리아로 향하던 아테네의 함대에 승선하여 필로스에 요새를 건설할 것을 제안하였다. 그가 보기에 그 지역은 라케다이몬을 유린하기에 적합한 지역이었던 것이다. 장군들과 병사들이 모두 반대하였지만 불순한 날씨로 함대가 필로스로 밀려가자 지루해진 아테네인들은 6일 만에 요새를 구축하였다.[17] 이에 스파르타인들은 트라시멜라다스의 지휘하에 필로스를 공격하였지만 상륙 공격에서는 이틀 만에 후퇴하였고 해전에서는 아테네 함대에게 패배하였다. 도리어 스파르타인들이 필로스에 인접한 스팍테리아에 배치된 420명이 아테네인들에게 포위된 상태로 스파르타의 필로스 공격은 막을 내렸다. 스파르타에서는 아테네 민회에 이들을 구출하기 위해 평화 조건을 제시하

---

16 Thucydides, 3.98.1~5.

17 Thucydides, 4.3.1~4.3.

였으나 아테네는 이를 거부하였고 클레온(Cleon)을 지휘관으로 하여 필로스에 원군을 보내기로 결정하여 800명의 중장보병과 800명의 궁수, 그리고 거의 같은 수의 경보병을 파견하였다.[18]

데모스테네스는 스파르타군을 상대하면서 처음부터 아이톨리아인들로부터 배운 교훈을 활용하기로 하였다. 그는 전 병력을 약 200명씩 조직하여 스팍테리아에 고립된 스파르타군을 포위하는 고지에 배치하고, 정면충돌을 회피하며 배후에서 투척 무기로 공격할 계획을 수립하였다. 아테네군과 그 동맹군은 데모스테네스의 의도대로 스파르타군과 거리를 유지하며 화살, 창, 혹은 돌을 발사하여 피해를 강요하였고 스파르타군이 접근하면 도망쳤다. 중무장한 라케다이몬군은 도저히 아테네인들을 추격할 수 없었다. 경보병들은 처음에는 라케다이몬군을 상대한다는 부담감을 가지고 있었으나 압도적인 병력과 자신들의 전술의 우위를 확인하고는 더욱 적극적으로 공격하였다.[19]

최후의 승리는 스파르타인들이 요새 안으로 피해 들어가자 장기전이 될 것을 염려한 메세니아인들이 실행한 기습이 성공하면서 달성되었다. 당황한 라케다이몬인들에게 데모스테네스와 클레온이 항복을 요구하였고 결국 이를 라케다이몬인들이 수용하였다. 전투 결과 스

---

18 Thucydides, 4.31.1~32.2.

19 Thucydides, 4.32.3~34.1.

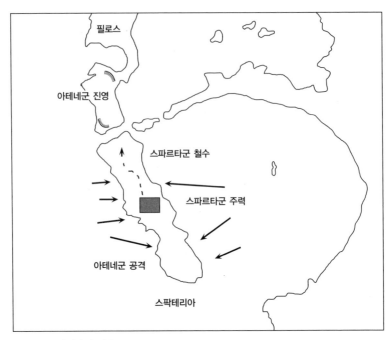

필로스

아테네군 진영

스파르타군 철수

스파르타군 주력

아테네군 공격

스팍테리아

그림 7. 스팍테리아 전투

파르타인들은 420명의 중장보병 중에서 128명이 사망하였고 292명이 포로가 되었다. 반면 아테네 측의 사상자는 소수에 불과하였다.[20]

이 전투의 승리는 펠로폰네소스 전쟁의 흐름을 일거에 반전시켰다. 케이건(Donald Kagan)은 이 사건이 그리스를 충격에 빠트렸다고 하

---

20 Thucydides, 4.38.1~5.

군사사의 관점에서 본 펠로폰네소스 전쟁

였다.[21] 무엇보다도 스파르타의 정예 중장보병들이 패배하였을 뿐만 아니라 저항을 포기하고 포로가 되었기 때문이다. 사실 이 전투의 본질적인 의의는 펠로폰네소스 전쟁의 주요 두 교전 당사국인 아테네와 스파르타가 지상전을 전개하였고, 그 전투에서 뜻밖에 아테네가 승리한 것에 있다. 지상전에 있어서 자타 공히 그리스 세계 최고라고 자부하였던, 전문적으로 훈련된 군인들로 구성된 스파르타군이 평상시 생업에 종사하던 시민들로 구성된 아테네군에게 패하였던 것이다. 이는 전적으로 데모스테네스가 아이톨리아인들로부터 채용한 전술의 효과였다. 특히 데모스테네스 휘하에서 활약한 경보병들이 승리를 달성하는 데 결정적인 기여를 하였다.

아테네인들이 사용한 경보병 전술은 경보병이 지닌 기동력의 우위와 투척 무기를 활용한 전술이었다. 스파르타인들이 통상적인 방진을 구성하여 아테네군의 방진과 대결하려고 준비하였을 때 아테네 측은 이에 응하지 않고 대부분의 병력을 주변의 고지에 배치한 다음, 가벼운 무기로 무장한 경보병들이 지닌 투척 무기로 스파르타군에게 살상을 입히고 스파르타군이 추격을 해오면 도망치는 전술을 구사하였다. 무거운 무장을 갖춘 스파르타의 중장보병들은 도저히 아테네의 경보병들을 따라잡을 수 없었다.

그러나 아테네인들은 그들이 달성한 전술적 성과가 어떠한 의미를

---

21 도널드 케이건, 『펠로폰네소스 전쟁사』, 허승일 · 박재욱 역, 까치, 2007, 192쪽.

지니고 있는지 깨닫지 못하였다. 스팍테리아 전투 이후에 아테네인들이 경보병 전술과 경보병들을 발전시켰다는 증거를 찾아볼 수 없기 때문이다. 같은 해 여름 아테네인들은 코린토스를 원정하기 위해 중장보병 2,000명과 기병 200기를 선박 80척에 승선시켜 파견하였고, 이들은 방진을 활용한 전형적인 전투에 의하여 코린토스군을 격파하였다.[22] 또한, BC 424년 여름 메가라를 원정하였는데 중장보병들이 신중한 계획에 따라 잘 배치되었던 것과 달리 경보병들은 평야에 흩어져 있다가 보이오티아 기병들의 기습을 받아 해안으로 밀려나고 말았다.[23] 이러한 사례들은 아테네인들에게 경보병 전술의 가치가 제대로 인식되지 않았음을 의미한다.

4. 그리스 경보병들의 한계와 문제점

경보병의 쇠퇴

펠로폰네소스 전쟁 이후 경보병의 활약은 한동안 지속되어 크세노폰이 저술한 『아나바시스』에 잘 묘사되기도 하였다. BC 401년에 페

---

22 Thucydides, 4.42.1~43.4.

23 Thucydides, 4.72.1~2.

르시아로 진군하여 동년 9월에 쿠낙사에서 페르시아 왕이 이끄는 군대와 격돌하였다가 실패하여 돌아오는 1만여 명의 그리스 용병단은 경보병들을 잘 활용하여 이민족과의 전투를 치루며 성공적으로 그리스로 귀환할 수 있었다. 용병단들은 경보병들을 본대를 엄호하는 부대로 전위나 후위, 또는 측위로 운용하기도 하였고, 본대가 안전하게 지나도록 중요한 고지를 선점하게 하기도 하였다. 또한 이민족들의 투척 무기에 대항하기 위하여 로도스 태생의 용병들을 투석병으로 운용하기도 하였으며 그 외에 전문적인 궁수들을 활용하기도 하였다.[24] 이 시기 경보병들의 활약은 그 절정기에 달한 것처럼 보였다.

그러나 BC 5세기 말에 나타난 경보병의 전성기는 당시 그리스 사회에 추가적인 변혁의 시기를 불러오지 못하고 이내 사라지고 말았다. 비록 플라톤의 경우 경보병의 가치를 인정하여 병종별 경보병들의 경기를 스포츠 종목에 반영할 것을 구상하였지만 경보병은 결국 중장보병을 대신하여 전장의 주역으로 등장하지는 못하였다.[25]

이를 잘 말해주는 것이 펠로폰네소스 전쟁 이후 늘어난 그리스 용병들의 구성에 있어서 중장보병이 경보병의 수를 압도한 것이었다. 원래 그리스 용병들은 그 가치를 인정받아 BC 6세기경부터 해외에서 활용되기 시작하였다. 이집트 사이테 왕조는 그리스 용병을 적극

---

24 Xenophon, 3.3.1~20, 3.4.27~44.

25 Plato, *Laws*, 8.834a.

적으로 활용하였고 시칠리아 역시 카르타고의 위협으로 인해 그리스 용병을 수입하였다. 그러다가 펠로폰네소스 전쟁이 끝나고 페르시아가 약해지자 페르시아의 총독들이 호위병이나 소규모 부대로 그리스 용병들을 채용하기 시작하였다.[26]

이 시기 가장 대표적인 용병 조직은 앞서 언급한 『아나바시스』에 출현한 용병단이었다. 11,000명이 넘는 이 용병단의 구성을 보면 당시 중장보병과 경보병에 대한 당시의 선호도 및 구성 비율을 살펴볼 수 있다. 퀴로스(Kyros)가 병사들을 모집하기 시작하였을 때 크세니아스(Xenias)는 약 4,000명의 중장보병을 이끌고 지원하였으며, 소파이네토스(Sophainetos)는 1,000명의 중장보병, 소크라테스(Sokrates)는 약 500명의 중장보병, 파시온은 300명의 중장보병과 300명의 경보병, 그리고 프로크세노스는 1,500명의 경보병을 인솔하여 퀴로스에게 신고하였다. 한편 이후에도 라케다이몬 출신인 클레아르코스(Klearchos)가 1,000명의 중장보병과 800명의 투창병,[27] 200명의 크레테 궁수들을 거느리고 합류하였고 아르카디아의 소파이네토스가 1,000명의 중장보병, 시라쿠사 출신의 소시스(Sosis)가 300명의 중장보병을 인솔하여 합류하였다. 크세노폰에 의하면 퀴로스가 사열한

---

26 김진경, 『고대그리스의 영광과 몰락』, 안티쿠스, 2010, 272~273쪽.

27 번역본에는 트라케 출신의 경방패병으로 기록되어 있음. 경방패는 펠트(pelte)를 의미함.

부대원은 11,000명의 중장보병과 2,000명의 경보병이었다.[28] 크세노폰이 본문에 세부적으로 언급한 인원은 중장보병이 8,100명이고 경보병이 2,800명으로 퀴로스가 사열한 인원과는 다소 차이가 있다. 그러나 분명한 것은 중장보병의 수가 경보병에 대해서 3:1에서 5.5:1 정도의 비율로 압도적으로 많았다는 것이다.

경보병의 전투력

경보병의 쇠퇴는 경보병이 지니고 있던 무기체계와 전술의 한계에서 비롯되었다. 무기체계가 지닌 한계는 경보병들이 사용하였던 무기들이 중장보병들의 방호력을 극복할 수 없었던 것에 기인한다. 이는 영국의 장궁수들과 비교하였을 때 뚜렷하게 나타나는 점이다. 전술적 한계라 함은 경보병의 특성을 고려한 전술이 효과적으로 개발되지 못하였음을 뜻한다. 스위스의 창병들과 그리스 경보병을 비교할 때 이 점이 분명하게 드러난다.

그리스 경보병들이 백년전쟁에서 영국의 장궁수들과 동일한 역할을 할 수 없었던 이유는 이들이 영국의 장궁수들과 달리 자신의 상대를 압도할 만한 무기체계를 지니지 못하였기 때문이다. 영국의 장궁수들은 장궁으로 프랑스의 기사들의 갑옷을 관통하여 치명상을

---

28 Xenophon, 1.2.1~9.

입힐 수 있었다. 이로써 장궁수들은 프랑스 기사들에 대해 개별적인 전투력에서 우위를 달성할 수 있었던 것이다.[29] 그러나 당시 그리스 경보병들의 무기체계는 중장보병들의 무장을 관통하는 데 한계를 지니고 있었다.

당시 중장보병들의 보호 장구는 경보병들이 쉽사리 극복할 수 있는 수준이 아니었다. 중장보병들의 방호용 장구는 투구와 흉갑, 방패 그리고 정강이 보호대로 나눌 수 있다. 투구는 청동으로 만들어졌을 뿐 아니라 안면과 미간과 콧등을 보호할 수 있게 설계되어 있어 웬만한 투척 무기로부터 중장보병을 보호해줄 수 있었다. 흉갑의 경우 청동으로 만든 것도 있으며, 몇 겹의 천이나 가죽 조각을 겹쳐 만든 것이 있었다. 청동 흉갑은 최상의 방호력을 지녔지만 움직임을 둔하게 하였을 것이고 천이나 가죽 조각을 겹쳐 만든 흉갑은 방호력을 양보하는 대신 운동성을 살리고자 만들어졌다. 그리스 중장보병들은 여기에 청동으로 만든 정강이 보호대를 착용하였다. 이러한 방호용 장구 외에 중장보병들은 청동으로 표면을 댄 둥근 방패로 자신을 보호하였다. 방패는 휴대한 이의 신체를 효과적으로 가릴 수 있을 정도로 충분한 크기로 제작되었다. 당시 화병에 묘사된 중장보병의 전투대형을 살펴보면 턱부터 무릎까지 방패로 몸을 가리

---

29 Michael Howard, *War In European History*, Oxford, New York, 1977, pp.1~19 참조.

그림 8. 화병에 묘사된 중장보병
출처 : https : //commons.wikimedia.org/wiki/File : Detail_from_the_Chigi-vase.jpg
(검색일 : 2020.9.1.)

고 있는 모습을 볼 수 있다.[30]

경보병들이 이렇게 방호용 장구를 제대로 착용하고 더욱이 방패로 밀집하여 있는 중장보병을 공격하여 피해를 입히기는 어려웠다. 우선 활의 경우 청동으로 된 투구와 방패, 흉갑을 관통할 수 없었다. 투석병의 경우 역시 크게 다르지 않았을 것으로 생각된다. 다만 돌이나 납덩어리의 경우 표적에 충격을 주는 방식이므로 정교한 조준을 해야 하는 활보다는 공격이 쉬웠을 것이다. 지휘관들은 중장보병의

---

30 기원전 640년경의 화병(Chigi Vase). Philip de Souza ed., *The Ancient World at War*, London, 2008, p.105에서 재인용.

이러한 방호력을 활용하여 부대가 활이나 돌로 공격을 받을 경우 중장보병을 외곽에 배치하고 경보병을 내부에 배치하여 피해를 줄이기도 하였다.[31]

이러한 제한사항 때문에 궁수나 투석병들은 중장보병에게 직접적인 피해를 입히기 위해 특별한 방향에서 공격을 하여야 했다. 중장보병의 방진이 지닌 약점은 측면이나 후면에 대한 방호가 취약하다는 것이다. 때문에 중장보병 대형의 측면이나 후면에서 공격하면 적을 살상할 확률이 높았다. 스팍테리아에서 아테네에 고용된 궁수들과 투척병들은 함께 라케다이몬군의 측면과 후면에서 공격하여 피해를 입혔었다. 다만 이들은 상대방 궁수나 투척병들의 사정거리를 계산하며 행동하여야 했다. 크세노폰이 지휘하던 그리스 용병단이 퇴각할 때 이들을 공격하던 야만인들은 용병단의 일원인 로도스 출신의 투척병들이 발사하는 탄두가 미치는 범위 밖에서 그리스인들에게 활을 쏘아 피해를 입히려 하였다.[32]

그러나 궁수나 투석병들이 중장보병을 측면이나 후면에서 직접 살상할 수 있는 경우는 평지에서 두 방진이 충돌하며 결전을 벌이는 당시의 일반적인 전투 방식에서는 드물게 발생할 수 있는 일이었다. 때문에 궁수나 투척병들은 중장보병의 방진들이 충돌하기 전에 상

---

31 Xenophon, 3.3.6~7.

32 Xenophon, 3.4.15~17.

군사사의 관점에서 본 펠로폰네소스 전쟁

대의 움직임을 제한하기 위해, 혹은 전투 중 특별한 기동을 위하여, 상대의 기동을 저지하기 위하여 사용되었다. BC 424년 아테네군의 침공을 받은 보이오티아군은 우익의 테베인으로 구성된 대형의 종심을 강화하고 좌측에서 아테네군이 측면을 돌아 후방으로 진출하는 것을 막기 위하여 경보병과 기병을 배치하였는데, 이렇게 상대 중장보병의 기동을 방해하는 것이 전형적인 운용방법이었다.

투창의 경우는 활이나 투석과 조금 달랐다. 우선 투창병들은 궁수나 투석병들보다 한 수 위의 전투력을 지니고 있었고, BC 390년의 레카움 전투에서는 단일 병종으로 중장보병과 대결하여 승리를 거두기도 하였다.[33] 또한 투창은 활보다 큰 중량을 지니고 있어 관통력 역시 화살보다 한 단계 높은 수준의 것이었다. 청동 흉갑이나 청동을 댄 방패는 어려웠겠지만 천이나 가죽 조각을 겹쳐 만든 흉갑은 제법 먼 거리에서도 관통할 수 있었다. BC 422년 암피폴리스 전투에서 클레온이 멀리서 던진 투창에 맞아 죽었을 정도였다.[34] 그러나

---

33 John Warry, op.cit, p.57.

34 도널드 케이건, 앞의 책, 230쪽. 투키디데스는 클레온이 처음부터 도망치려다 투창병들에게 잡혀 죽었다고 기록하고 있지만(Thucydides, 5.10.9) 케이건은 아테네인들이 그를 국립 전몰자 기념묘지라고 할 수 있는 케라메이코스에 매장한 것과 후퇴하던 대형의 가장 후미에 있었던 것, 그리고 등 뒤에서 공격받았다는 증거가 없었음을 들어 용감하게 싸우다가 투창에 맞아 죽은 것으로 설명하고 있다. 필자 역시 투창병들의 일반적인 공격 형태를 고려하였을 때 케이건의 분석이 타당한 것으로 생각한다.

이러한 성과는 활이나 투석의 경우처럼 중장보병들이 적절한 방호태세를 취하지 못하였을 때 발생하였다. 궁수나 투석병보다 투창병들의 전투력이 높았다는 것이지 중장보병들보다 높았다는 것은 아니다. 일단 투창병들이 중장보병과 접전하게 되면 방호 장구가 보잘 것 없는 투창병들은 심각한 피해를 입었다.[35]

전술적인 측면에서, 경보병들은 무기체계의 열세로 인해 중장보병에 대한 전투력의 열세를 극복할 전술적 방편도 지니고 있지 못하였다. 근대 유럽의 스위스 창병의 경우 개별 무기체계로만 본다면 기사들의 무장에 비해 훨씬 열세하였지만 뛰어난 전술을 바탕으로 당시 기사들보다 우세한 전투력을 발휘하였다.[36] 창병들은 단 한 명의 지휘자를 제외하고는 전혀 보호 장구를 착용하지 않았고 단순히 긴 미늘창만 보유하고 있었다. 기사 1인과 창병 1인이 서로 대결한다면 결과는 너무나 뻔하였다. 그러나 스위스인들은 창병을 밀집대형으로 운용하여 고슴도치와 같은 진을 구사하고 기사들의 돌격을 견딤으로써 기사들을 무력화하였던 것이다.

고대 그리스 경보병들은 이러한 전술적 혁신을 달성하지 못하였다. 사실 경보병은 중장보병들에 대하여 월등한 기동력을 지니고 있었다. 일반적으로 중장보병은 그들의 무거운 무장 때문에 경보병들

---

35 John Warry, op.cit, p.50.

36 Michael Howard, op.cit, pp.1~19 참조

의 공격을 받아도 그들을 쉽사리 추격할 수 없었다. 아이톨리아인들은 이러한 경보병의 기동력을 활용하여 치고 빠지는 전술을 그들의 험난한 지형을 활용하여 구사하였기 때문이다. 그러나 그리스 경보병들은 단독으로 중장보병을 상대할 때 매복과 기습 이상의 전술을 구사하지 못하였다. BC 390년에 이피크라테스가 투창병들을 운용하여 스파르타의 중장보병에게 거둔 레카움 전투의 승리는 바로 매복을 통한 것이었다.[37] 만일 경보병들의 기동력을 활용한 전술적 발전이 있었더라면 경보병들은 중장보병을 대신할 기회를 가질 수 있었을 것이다.

물론 펠로폰네소스 전쟁 이후 경보병을 활용한 전술의 발달이 전혀 없었던 것은 아니다. 가장 대표적인 것은 중장보병의 밀집 방진과 경보병을 함께 활용하는 것이었다. 아군의 중장보병 대형으로 적의 중장보병 대형과 대치하게 한 다음, 기동력을 상실하고 멈추어 있는 적의 중장보병에 아군의 경보병으로 공격하여 손상을 가하는 것이다. 여기에 자주 활용된 것이 투창병이다.[38] 그러나 이러한 전술적 발달은 더 이상 진전되지 못하였고 결국 경보병과 경보병 전술은 중장보병의 보조자로서만 남게 되었다.

전술적인 혁신은 오히려 경보병이 아닌 중장보병 전술에서 일어

---

37 John Warry, op.cit, p.57.

38 Michael M. Sage, op.cit, pp.143~144.

났다. BC 371년 유명한 레욱트라 전투에서 테베의 에파미논다스(Epaminondas)가 클레옴부르투스(Cleombrotus)가 지휘하는 스파르타군을 격파하였는데 경보병이 아닌 중장보병을 활용하여 좌측 방진의 종열을 통상적인 8개 오에서 50개 오로 증강시킨 사선대형을 활용한 것이었다. 경보병은 이 전투에서 결정적인 역할을 전혀 수행하지 못하였다. 테베와 스파르타 어느 쪽도 자신의 경보병을 활용하여 상대의 중장보병을 공격하려는 시도를 하지 않았기 때문이다. 에파미논다스는 방진의 좌측을 일상적인 전력보다 6배 이상 강화하여 상대의 우익에 대하여 절대적인 우위를 달성하였고 나머지 전력으로 상대의 약한 좌익을 상대하도록 하였다.[39]

에파미논다스는 중장보병의 밀집 방진이 지니는 특성을 이용하여 이러한 사선대형을 창안하였다. 그는 방진 속에서 중장보병들이 왼팔로 방패를 들어 자신의 우측 반신을 우측 동료의 방패로 방어하고자 몸이 우측으로 쏠려 전반적으로 방진의 우측이 강해지고 거꾸로 좌측은 약해지는 현상을 활용하였다.[40] 그의 전술이 사선대형으로 불리는 이유는 좌익의 대형이 가장 선두에서 전진하고 우익으로 가면

---

39 Ibid., p.65.

40 F.E. Adcock, *The Greek And Macedonian Art of War*, Berkeley: University of California Press, 1957, p.8. 이 때문에 각각의 우익이 승리하는 경우가 발생하기도 하였다.

갈수록 뒤로 처지게 하였기 때문이다. 결과적으로 중장보병에서 발생한 전술 혁명은 고대 그리스의 전장에서 중장보병의 지위를 확고부동하게 만드는 역할을 하였다.

경보병에 대한 사회적 인식

경보병의 발달이 중단되고 중장보병들이 새로운 발전의 기회를 가진 것은 그리스 사회의 정치·사회적인 구조와도 연관이 있어 보인다. 당시 중장보병은 경보병보다 정치·사회적으로 우월한 위치에 있었다. 그리스인들이 지녔던 사회적인 통념이 경보병보다는 중장보병을 뛰어난 존재로 인정하고 있었던 것이다. 경보병들은 효율적인 살인도구로 인식되기 시작하였지만 그리스 사회로부터 전사로서 받아들여지지는 못하였다. 그리스 사회에서 전사는 중장보병을 지칭하였던 것이다. 때문에 종종 아테네의 기사계급은 중장보병으로 참전해야 한다는 중압감을 가지고 있었으며 실제 중장보병으로 농민들과 함께 대열에 서는 것을 자랑으로 여겼다.[41] 그러나 기사계급이 결코 자원해서 경보병의 역할을 수행하였던 적은 없다.

그리스의 중장보병들은 경보병들에게 자신들이 차지하였던 전장

---

41 빅터 한슨, 『고대 그리스 내전, 펠로폰네소스 전쟁』, 임웅 역, 가인비엘, 2006, 240쪽.

에서의 주도적인 지위를 일부러 내어주려 하지 않았을 것이다. 중장보병은 그리스 정치체제 속에서 경제적 부를 바탕으로 한 정치적인 지배력까지 향유한 자들이었다. 그들은 자신들이 수행하는 군사적 역할의 중요성을 잘 인식하고 있었고 이를 경보병들에게 양보할 이유가 없었다. 이들을 중심으로 정치적으로 중요한 의사결정이 이루어지는 그리스 사회에서 타국에 대한 원정이나 혹은 국가 방위에 대한 결정을 할 때 경보병들을 일부러 중용하는 결정을 하였을 리는 만무하다. 앞서 설명하였듯이 아테네인들은 경보병을 활용한 스팍테리아에서의 승리 이후에도 여전히 중장보병을 중심으로 한 원정을 실시하였던 것이다.

또한, 경보병은 그리스 사회에서 그다지 매력 있는 존재가 아니었다. 경보병들은 그리스 사회에서 타자로 인식되었다. 경보병들은 그리스 사회에서 결코 중요하게 다루어지지 않았다. 투키디데스는『펠로폰네소스 전쟁』을 저술하면서 중장보병들을 도시국가의 꽃으로 결론지었으며 특히 중장보병이 경보병에게 죽임을 당할 경우 비통해 하였다. 심지어 그는 전염병으로 아테네인들이 사망하였을 때 중장보병부터 이를 기록하기도 하였다.[42] 그리스 사회에서 비겁한 자를 뜻하는 의미로 사용되는 '방패를 내던지는 자'는 적어도 경보병에게는 해당될 수 없는 말이었다. 이러한 상황 속에서 그리스인들은 결

---

42 위의 책, 241쪽.

코 인위적으로 경보병이 되려고 노력하지 않았을 것이다.

5. 고대 그리스 경보병의 좌절

고대 그리스의 경보병들은 펠로폰네소스 전쟁 어간에 나름대로 그들의 황금기를 맞이하였으나 중장보병을 대신하여 전장의 주역으로 등장하는 데는 실패하였다. 이에 경보병들이 사용하였던 무기체계와 전술이 중장보병을 크게 능가하지 못하였던 것이 결정적인 이유로 작용하였다. 또한, 사회적으로 중장보병에 비해 열등한 지위로 인해 정치적 의사결정 과정에서 배제되었던 것이 그 원인의 한 가지로 판단된다. 그리고 경보병과 경쟁하던 중장보병들이 전술적 진보를 거치며 다시 한 번 주요 국가 간 대결에서 결정적인 역할을 함으로써 다시금 그 중요성을 각인시켰던 것도 한 몫을 하였다.

펠로폰네소스 전쟁 이후 활발하게 진행되었던 경보병의 발달은 어느 특정한 군사적 천재에 의한 것이 아닌 과거로부터 지속되어오던 일상들이 누적되어 형성된 것이었다. 비록 데모스테네스의 경우가 있지만, 긴 안목으로 볼 때 펠로폰네소스 전쟁에서 경보병 운용이 활발하였던 이유는 정해진 평지에서 특정한 규모를 지닌 중장보병 방진 사이의 대결이 별로 없었기 때문이다. 이는 페리클레스가 처음부터 회피하였던 전투 방식이었다. 때문에 구조적으로 경보병들이 활용될 여지가 많았던 것이다.

그러나 경보병들의 활약이 순전히 환경적인 요인 때문에 증가한 것은 아니었다. 적어도 그리스 세계의 경보병들은 독특한 무기체계와 연결되어 특수한 병종으로 특화되어 있었으며 용병의 전통에 의해 전문화되어 있었던 것이다. 이러한 토양으로 말미암아 펠로폰네소스 전쟁기부터 경보병들의 활약이 두드러질 수 있었으며 중장보병들을 대신하여 전승을 결정하는 중요한 역할들을 수행하기도 하였던 것이다. 크세노폰이 지휘하였던 용병단은 이의 전형을 보여주고 있다.

경보병 대신 전술적 혁신을 경험한 중장보병들은 에파미논다스로 인하여 전장의 왕좌를 계속 유지할 수 있었다. 경보병에 대한 중장보병의 역전승으로 볼 수 있는 테베의 사선대형은 한 군사적 천재가 전술의 발달에 미치는 영향과 그 여파를 극명하게 보여주었다. 거꾸로 에파미논다스와 같은 존재를 갖지 못한 경보병은 발전의 기회를 상실하였던 것이다. 이러한 사례를 보며 군사적 천재가 단순히 전쟁의 승패만을 좌우하는 것이 아니라 한 시대의 군사적 발전을 결정짓고 아울러 사회적 구조의 변화까지 선택할 수 있음을 알게 된다.

고대 그리스 시대의 경보병과 중장보병의 성쇠는 무기체계와 전술과의 상관관계에 대한 하나의 견해를 제시해준다. 흔히 과학기술이 발달하면서 전장에서의 전술이 무기체계의 발달에 지배된다는 견해가 일반적으로 받아들여지고 있다. 이 주장은 기술의 발달 속도가 빠른 오늘날 더욱 강한 설득력을 지니고 있다. 그러나 적어도 중장보병과 경보병과의 관계는 이와 다른 설명을 가능하게 한다. 펠로폰네소스 전쟁 시기 경보병이 발달하였던 것은 무기체계의 우수성보다는 전술적 운용에 기인한 바가 크며, 에파미논다스가 일으킨 중장보병의 부흥 역시 중장보병의 무기체계 개선의 결과가 아니라 전술의 혁신으로 말미암은 것이다.

백년전쟁에서 활약하였던 영국의 장궁수들과 비슷한 시기에 출현하여 이후 유럽의 기사들을 제압하였던 스위스 창병들이 하였던 혁명적인 역할을 그리스 경보병들은 수행하지 못하였다. 거꾸로 그리스 경보병들은 중장보병들의 우수성을 증명하는 존재 같은 역할을 하였다. 그러나 이들이 존재하였던 것으로 인해 고대 그리스 시대의 보병 전술에 다양성이 덧붙여졌고 당시의 전투에서 신선함이 배어나고 있음을 누구도 부인할 수 없다.

제5장

아테네의 시칠리아 원정 작전

아테네의 시칠리아 원정 작전[1]

1. 펠로폰네소스 전쟁과 시칠리아 원정

아테네의 시칠리아 원정은 장엄하기까지 한 아테네의 몰락을 결정적으로 확정지은 사건이었다. 아르키다모스 전쟁[2]을 견디고 지독한 역병에서 살아남은 아테네인들이 니키아스의 평화를 공고한 평화로 발전시키지 못하고 시라쿠사(Syracuse)를 복속시키려 하다가 스스로 시칠리아라는 수렁으로 빠져들어 결국은 기나긴 펠로폰네소

---

1 이 장은 『세계역사와 문화연구』 no. 54, 2020에 게재된 「아테네의 시칠리아 원정 전투와 그 실패요인」을 수정하였음.

2 펠로폰네소스 전쟁 초기 국면을 지칭한다. 스파르타의 왕 아르키다모스(Archidamus)가 주도하였기에 이러한 명칭을 사용한다.

스 전쟁에서 스파르타에 패하는 결과를 자초하였다. 대외적인 확장을 꾀하지 말라는 페리클레스의 금언을 무시한 이 원정은 펠로폰네소스 전쟁 사상 최대 규모의 피해를 아테네 측에 입혔으며, 포로로 잡힌 병사들이 겪었던 비극과 남겨진 이들이 감수해야 했던 상실의 아픔은 다른 어느 전투보다 크게 아테네 공동체의 기억에 새겨졌다.

투키디데스는 시칠리아 원정에 많은 관심을 쏟았다. 이 원정이 아테네의 패망을 가져왔다는 생각에 그는 전쟁사 기록의 많은 부분을 할애하였고, 궁극적으로 펠로폰네소스 전쟁의 패전 원인을 원정의 실패에서 찾았다. 그는 시칠리아 원정을 정리하며 "헬라스 세계의 전투 중에서 이 전투야말로 승자에게는 가장 큰 명예를 주고, 패자에게는 최대의 불행을 가져온 전투일 것이다. 아테네는 모든 면에서 완패했고, 그 모든 고난도 물거품으로 화했으며, 그들의 수륙 양군은 궤멸당했다[3]"고 서술하였다. 투키디데스는 아테네가 펠로폰네소스 전쟁에서 패한 결정적인 계기가 여기에서 만들어진 것으로 보았다.

필자는 투키디데스의 주장을 큰 틀에서 인정하면서 시칠리아 원정을 미시적인 전투 수준에서 고찰해보고자 한다. 시칠리아 원정은 장기간에 걸친 전역(campaign)에서 수 개의 전투로 구성되어 있다. 전

---

3 Thucydides, 7.87.5, 인용문은 『펠로폰네소스 전쟁사』, 박광순 역, 범우사, 1993, 278쪽을 그대로 가져온 것임.

투사적인 관점을 취하게 되면 한 전역으로서 시칠리아 원정 전체를 바라보는 것이 아니라 특정한 전투에 관심을 두게 되어 개별 전투의 연결로 원정 작전을 이해하게 된다. 이러할 경우 중점은 전투를 준비하는 아테네 지휘관들의 개념과 결정, 준비과정, 그리고 전투 지휘이다. 물론 그에 따른 결과도 중요하다. 다만 전역을 보는 연구와 달리 전투가 가져온 구체적인 승패의 의미에 초점을 맞추는 경우가 많다.

전투사 연구는 전투에 대한 해석을 통해서 다른 분야의 군사사 연구에 기여할 수 있다. 전투에 관한 해석이 달라지면 이를 바탕으로 한 전역에 대한 이해가 달라질 수 있다. 만일 니키아스(Nicias)가 투키디데스의 설명대로 우유부단하였다면 전투 개념과 준비, 지휘 과정에 이러한 특성들이 나타나야 한다. 그렇지 않다면 니키아스의 원정 지도는 다른 식으로 설명되어야 한다. 또한, 전투사는 큰 범위를 다루는 군사사가 이야기하지 않은 것들을 설명해줄 수 있다. 무엇보다 특정 행동에 대한 직접적인 인과관계를 이해할 수 있는 단서를 제공해줄 수 있다. 마지막으로 전투사는 전투 그 자체에 대한 설명을 충분히 제공한다.

이 장에서는 아테네의 시칠리아 원정에서 중요한 전투 가운데, 초기 원정대가 축성을 위주로 수행한 포위전과 증원군이 도착한 이후에 발생한 에피폴라이(Epipolae) 전투, 그리고 해상 철수를 위한 최후의 해전을 분석하고자 한다. 이 세 전투가 시칠리아 원정의 승패와 아테네군의 운명을 결정지은 가장 중요한 전투이기 때문이다. 필자는 전투를 분석하는 가운데 특별히 지휘관의 작전적 결정에 중점을 두어 건전한 판단을 바탕으로 결정이 내려진 것인지 고찰할 것이다. 이 세 전투의 분석을 통해 시칠리아 원정의 전반적인 군사적 상황의 추이를 설명하는 것이 이 장의 목적이다.

2. 아테네군의 시라쿠사 포위전 결정

원정군의 파견

시라쿠사 원정은 아테네인들의 욕망에서 비롯되었다. 아테네인들은 투키디데스가 표현하였던 대로 상선으로 일주하면 8일이나 걸리는 규모가 큰 이 섬을 정복하고 싶어하였다.[4] 표면적인 이유는 동맹인 에게스타(Egesta)가 셀리누스(Selinus) 및 이와 연대한 시라쿠사로부터 압박을 당하여 동맹을 구원한다는 것이었으나 아테네의 본심은 시칠리아를 정복하여 항구적인 공세를 징수하는 것이었다.[5] 이러한 아테네인들의 욕망은 전비를 지원하겠다는 에게스타의 거짓 약속에

---

4   Thucydides, 6.6.1.

5   Thucydides, 6.24.3.

의해 부풀려졌다. 원정을 원했던 아테네인들은 니키아스의 완곡한 만류에도 불구하고 야심만만한 알키비아데스(Alcibiades)의 선동에 자극을 받아 일사천리로 전쟁을 결정하였으며 이 두 사람과 라마코스(Lamachus)를 장군으로 선출하였다. 아이러니하게도 니키아스는 전쟁에 반대하기 위해 대규모의 원정대가 필요함을 호소하였는데 아테네인들은 원정대의 규모를 키우면서 니키아스를 장군 중 한 명으로 임명하였다.

아테네의 시라쿠사 원정을 특징짓는 가장 중요한 행위는 시라쿠사를 포위하기 위한 차단벽 건설이었다. 원정 작전을 수행하는 군대는 본국에서 끊임없이 물자를 보충해야 하는 문제로 인해 가급적 원정 기간을 단축하기 위해서 노력한다. 반면 침공을 당한 입장에서는 원정군의 자원을 조기에 소모시키기 위하여 성이나 요새 내에서 농성을 수행한다. 이 경우 원정군은 포위전이 불가피하다. 화약무기가 등장하기 전까지 포위전의 목적은 상대방의 식량을 고갈시켜 항복하도록 하기 위한 것으로 길게는 몇 년이 걸리는 전쟁 방식이었다. 이러한 관점에서 보면 원정군이 장기간을 요하는 포위전을 수행하는 것까지는 이해할 수 있다고 하더라도, 물론 축성이 전투원을 보호할 수 있고 제한된 테두리 내에서 활동의 자유를 제공할 수 있지만, 차단벽을 쌓아서 포위전을 수행하는 것은 좀처럼 보기 드문 일이다.

아테네 원정군은 전쟁 17년 차에 134척에 달하는 대선단을 구성하

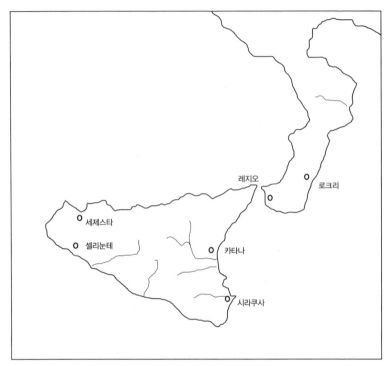

그림 9. 시칠리아

여 시칠리아에 상륙했다. 전투력의 핵심인 중장보병은 5,100명이었고, 그 가운데 아테네인은 2,200명이었는데 부족별 명부에서 차출한 인원이 1,500명이고, 700명은 하층민 계층에서 충원되었다. 중장보병 가운데는 아르고스와 만티네아 출신이 각 500명과 250명이었으며 나머지는 용병이었다. 중장보병을 지원하는 경보병은 궁수가 480명이었고 궁수 가운데 평판이 높은 크레타 출신은 80명이었다. 또

　　　　　　　　　　　　　군사사의 관점에서 본 펠로폰네소스 전쟁

투석수가 700명이었는데, 전원이 투석으로 유명한 로도스 출신이었다. 그 외에 메가라에서 망명한 120명이 경보병 대열에 합류하였다.[6] 아테네군의 전력을 보면 고전기 그리스에서 일반적으로 치러진 밀집방진에 의한 전투를 수행하기에 충분한 전력이었다. 다만 기병이 부족한 것이 흠으로 지적될 수 있다. 아테네군은 단 30필의 말을 수송해왔을 뿐이었다.

아테네가 시칠리아 상륙 후 처음부터 포위 전략을 선택하였던 것은 아니다. 원정군의 공동 지휘관으로 임명된 니키아스, 알키비아데스, 그리고 라마코스가 각자 다른 계획들을 가지고 전쟁을 시작하였다가 자연스럽게 포위전을 선택한 것으로 이해된다. 니키아스는 에게스타가 처음 약속과 달리 아테네를 지원할 수 있는 재력이 없음을 확인하고 다른 도시의 연안을 항해하여 아테네의 전력을 시위한 다음 아테네를 위험에 빠뜨리지 않고 복귀하고자 하였다.[7] 반면 알키비

---

6 Thucydides, 6.43. 두 역본이 병력 규모를 다르게 기록하여 워너의 기록을 택하였다. 박광순의 번역에는 투창병이 있다고 기록하였는데, 만일 그렇다면 이후에 아테네군이 시라쿠사의 투창병으로부터 곤란을 당한 것과 배치되기 때문이다. 이 시기 경보병의 역할과 그리스 사회에서의 지위는 손경호, 「고전기 그리스에서 나타난 경보병의 발달과 그 한계」, 『서양사론』 No. 107, 2010 참고.

7 Thucydides, 6.47. 그는 사실 전쟁에 반대할 때 대규모 원정대로 상륙 첫날 승리를 거두어 영역을 확장할 수 있는 태세를 갖추어야 한다고 주장하였다. 그는 대규모 원정대가 필요하다는 관점에서 이를 주장한 것으로 보인다. Thu-

아데스는 아테네군이 원정을 나와서 아무런 성과를 거두지 않고 복귀하는 것은 터무니없다고 생각했다. 이에 시라쿠사를 제외한 시칠리아의 모든 도시에 사절을 보내어 아테네 측에 합류하도록 하고 식량과 병력을 확보한 뒤에 셀리누스가 에게스타와 화해하지 않는다면 시라쿠사와 셀리누스를 공격해야 한다고 주장하였다.[8] 한편 라마코스는 시라쿠사가 아직 전쟁에 충분히 대비하지 못하고 공포심이 만연한 틈을 타서 신속히 공격을 감행하기 원했다. 그는 기습의 이점을 살리고자 하였다. 아울러 시라쿠사에 대해 일단의 군사적 승리를 거두면 다른 도시도 아테네 측에 가담하여 궁극적으로 유리한 상황을 만들 수 있음을 내다보았다.[9]

군사적으로 가장 건전한 방법은 라마코스의 방법이었으나 라마코스가 자신의 주장을 철회하고 알키비아데스의 주장에 동의하여 먼저 동맹을 획득하기로 하였다. 알키비아데스는 우선 아테네 함대의 기항지로 활용하기 위해 이탈리아 반도의 맞은편에 있는 메시나(Messina)로 가서 교섭을 시도하였으나 거절당하였고 자신조차 시내 출입을 제한당하였다.[10] 알키비아데스는 이어서 카타나(Catana)로 이동하

cydides, 6.23.

8 Thucydides, 6.48.

9 Thucydides, 6.49.

10 Thucydides, 6.50.1.

였고, 그가 의회에서 연설하는 동안 병사들이 카타나 성벽의 뒷문을 부수고 시내로 진입해 시장을 확보하여 사실상 점령하였다. 카타나의 지도자들은 하는 수 없이 아테네와 동맹을 체결하고 아테네 함대의 정박을 허용하기로 하였다.[11] 시작부터 순탄치 못하였던 알키비아데스의 전략은 헤르메스상 훼손 사건[12]과 관련해 본국에 소환당하여 곧 폐기되었다.

포위전의 결정

아테네의 장군들이 언제부터 시라쿠사를 포위할 생각을 가지게 되었는지 투키디데스는 명확하게 기록하고 있지 않다. 니키아스는 원정군의 조속한 복귀를 희망하였으며 라마코스나 알키비아데스 역시 시라쿠사를 포위하겠다는 생각을 가지고 있지 않았다. 물론 아테네 원정대는 석공과 목수를 동반하였고 다량의 축성용 자재를 운반하였다.[13] 하지만 이는 일상적인 편성 지침에 의한 것이었고 처음부터 차단벽을 건설해서 시라쿠사를 포위하겠다고 의도하였기 때문이

---

11 Thucydides, 6.51.

12 시칠리아로 출정하기 전날 아테네 시가의 곳곳에 있는 헤르메스상의 특정 부위가 훼손되는 사건이 발생하였다. 당시 신상을 모독하는 행위는 중요한 범죄로 간주되었고, 아테네인들은 이를 알키비아데스의 소행으로 생각하였다.

13 Thucydides, 6.44.

아니었다. 고전기 그리스 시대에도 원정 작전을 하는 동안 주둔지나 숙영지를 방호하기 위해 방책을 건설하거나 요새를 건설하는 것이 일반적이었다. 이 전략은 알키비아데스가 소환당하면서 섬 내부에서 동맹을 얻어 셀리누스와 시라쿠사를 공격하려는 계획이 무산된 것이 직접적인 발단이 된 것은 분명하다. 아울러 이 전략은 니키아스와 라마코스의 합의에 따라 수행되었을 것이며 니키아스의 원정에 대한 입장과는 무관하게 현지의 군사적인 필요에 의해 추진되었을 가능성이 크다. 니키아스는 군사력을 현시하고 신속히 돌아가려고 하였었는데, 포위전은 본격적으로 전투를 수행하여 끝장을 내는 것을 목표로 하기 때문이다.

포위에 대한 인식은 오히려 시라쿠사 측에서 먼저 시작된 것으로 보인다. 시라쿠사인들은 아테네군이 도착한 첫해 겨울에 에피폴라이(Epipolae) 하단을 연하여 도시를 보호하기 위한 방벽을 건설하면서 포위될 경우에도 충분한 거리가 유지되도록 배려하였다. 이러한 인식은 한쪽은 바다에 면해 있으며 내륙으로부터는 감제고지(瞰制高地)[14]에 인접해 있는 시라쿠사의 지리적 특성에서 출발하였을 수 있다. 이러한 우려는 시라쿠사의 지배층에 퍼져 있는 인식이었으며 이것이 시라쿠사의 내부 정보에 밝은 니키아스에게 감지되었을 가능성이 있다. 이를 뒷받침하는 것이 아테네군이 공식적으로 포위전을

---

14 주변을 내려다볼 수 있는 지형을 의미한다.

염두에 두고 주변에 공성용 자재를 요청한 시점이었다. 아테네군은 시라쿠사가 방벽을 건설한 다음에 시칠리아의 여러 도시국가에 사절을 보내 포위전을 위한 자재를 요청하였다.[15] 아테네는 그전에 발생한 올림피에이옴(Olympieum) 전투에서 승리한 다음에 황급히 월동을 위해 이동하면서 향후 시라쿠사에 대한 공세를 위해 필요한 사항들을 점검하였는데 기병과 자금, 그리고 추가적인 동맹은 명확히 제시하였지만 포위전용 물자는 적시하지 않았었다.[16] 결국, 니키아스와 라마코스는 월동지에서 시라쿠사의 행동을 관찰하면서 또 시라쿠사 내부의 정보를 활용하여 포위전에 대한 구상을 구체화하였을 가능성이 있다.

시라쿠사인들은 아테네군이 상륙한 해 겨울에 방벽을 건축하기 시작하였다. 당시 아테네군은 카타네에서 철수하여 낙소스(Naxos)에서 월동하고 있는 상태였다. 시라쿠사인들은 시라쿠사를 내려다볼 수 있는 에피폴라이 언덕에 면해서 방벽을 건축하였고 신역(아폴로 신전과 부속 지역)을 포함하면서 시라쿠사와의 충분한 거리를 유지하도록 조성하였다.[17] 시라쿠사가 건축한 방벽은 방어용 방벽이었다. 이들은 만일 아테네인들이 에피폴라이를 확보하지 못하면 비록 전투에서는

---

15 Thucydides, 6.88.6.

16 Thucydides, 6.71.2.

17 Thucydides, 6.75.1.

승리할지라도 도시를 고립시키는 차단벽을 건축할 수는 없을 것으로 보았다. 이듬해 여름 시라쿠사는 도시 반대쪽에서 에피폴라이로 진출할 수 있는 에우리엘로스(Euryelus)에 경비대를 배치하고 디오밀로스(Diomilus)의 지휘 아래 중장보병 600명을 편성하여 에피폴라이 방어를 담당하도록 하였다.[18] 그러나 아테네군은 신속히 에우리엘로스를 통과해서 에피폴라이에 진출하여 이를 점령하였다. 그리고 아테네는 에피폴라이에 점령의 성과를 확대하여 시라쿠사에 대한 추가적인 공세를 취하지 않고 랍달롬(Labdalum)에 요새를 건설하고 물자와 자금을 저장하는 데 활용하였다.[19]

아테네는 랍달롬에서 아래쪽에 있는 시카(Syca)에 추가적인 요새를 세웠다. 그림 10에 원형으로 표시된 곳이 시카이다. 요새 건설이 너무나 신속히 진행되었기에 시라쿠사군이 이를 저지하려 하였으나 아테네군에게 패배하고 말았다.[20] 사실 시라쿠사군이 패배한 이유는 아테네군에게 기병이 보강되었기 때문이었다. 아테네군은 제대로 된 기병을 보유하지 않아 시칠리아에 상륙한 이래 시라쿠사군의 기병으로부터 큰 위협을 받았었다. 원정 초기 아테네군이 올림피에 이옴을 본격적인 전투의 첫 장소로 선택한 이유도 시라쿠사의 기병

---

18 Thucydides, 6.96.1.

19 Thucydides, 6.96~97.

20 Thucydides, 6.98.

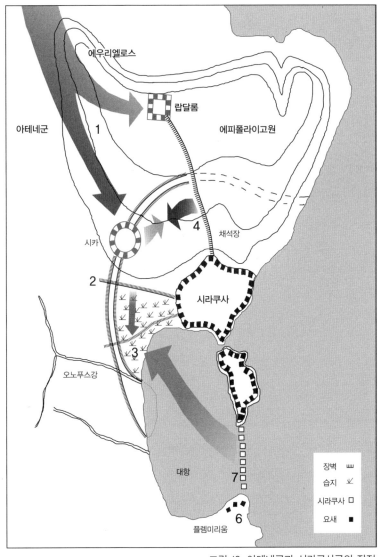

에우리엘로스

랍달롬

에피폴라이고원

아테네군

1

채석장

시카

4

2

시라쿠사

3

오노푸스강

대항

7

6

플렘미리움

장벽 ⊔⊔

습지 ⅄

시라쿠사 �口

요새 ■

그림 10. 아테네군과 시라쿠사군의 작전

출처 : John Warry, *Warfare in the Classical World*, Norman, OK : University of Oklahoma Press, 2006, p.49.

이 제대로 활약할 수 없는 곳이었기 때문이다.[21] 기병은 기동력과 충격력으로 인해 경무장 보병에게 큰 위협이 되었고 중장보병의 이동에도 위협이 되었다. 그동안 아테네군이 시라쿠사의 기병 때문에 자유롭게 움직이지 못하다가 겨울을 지나면서 본국에서 기병 전력을 보완한 것이다.[22] 덕분에 아테네군은 시라쿠사군의 위협을 받지 않고 차단벽 공사를 추진할 수 있게 되었다.

아테네군은 시라쿠사군의 습격을 격퇴한 다음 날부터 차단벽을 건설하기 시작하였다. 일부가 시카 북쪽의 방벽을 건설하면서 차단벽 건설을 위한 자재를 트로길로스(Trogilus)에 집적하였다.[23] 아테네군은 시라쿠사의 주항인 대항(Great Harbor)에서 시라쿠사를 둘러싸서 반대편 해안에 이르는 경로를 따라 차단벽을 건설할 계획이었으며 그 첫 구간은 시카로부터 대항까지의 구간이었다. 시카는 원형으로 건설되었으며 시카로부터 차단벽은 이중으로 조성되어 시라쿠사를 포위

---

21 이 전투에서 아테네는 시라쿠사에 승리하였다. 이 지역은 시라쿠사의 기병이 제대로 활동할 수 없는 곳이었다. 전투 경과는 Thucydides, 6.66~71 참조.

22 아테네는 자체적으로 기병대 250명을 파견하였으며 마필은 현지에서 조달하도록 하였다. 아테네는 특별히 기마 궁수 30명을 보냈고 은 30달란트도 함께 보냈다. 아테네 측의 기병대는 에게스타와 낙소스 등에서 지원을 받아 600기 이상의 세력으로 성장하였다.

23 Thucydides, 6.99.

하면서 아테네군에게도 방호를 제공하는 기능을 지녔다.[24] 두 벽 사이의 공간에서 아테네군은 자유롭게 이동하며 시라쿠사군의 움직임에 대응할 수 있었다.

차단벽에 의한 시라쿠사의 포위는 그 시발이 어떠하였든 그 수단은 아테네군에게 너무나 친숙한 형태로 드러났다. 내륙에서 바다까지 이어진 이중의 성벽, 이것은 피레우스에서 아테네로 이어진 방벽과 무척 닮아 있었다. 심지어 니키아스는 대항에 도달한 지점에서는 차단벽의 간격을 넓혀 아테네 함대를 보호하기 위한 시설로 활용하고자 하였다. 피레우스의 개념이 그대로 적용된 것이었다. 한 가지 다른 것은 이중 차단벽이 중심지에서 다시 북쪽으로 건설되어 시라쿠사를 둘러싸고 또 다른 해안으로 이어질 것이라는 점이었다. 어찌되었건 아테네군은 본국에서 너무나 익숙하게 보았던 구조를 다시 시라쿠사에 재현하게 되었고, 모두가 건설 방식과 원리에 대해서 익히 잘 알고 임무를 수행하였을 터였다.

---

24 John Warry, *Warfare in the Classical World*, Norman, OK: University of Oklahoma Press, 2006, p.49.

3. 아테네군과 시라쿠사군의 축성 경쟁

헤르모크라테스에 의한 경쟁

아테네군의 차단벽 건설에 대하여 시라쿠사는 대응벽 건설로 맞섰다. 보다 일반적인 대응 방식은 차단벽 건설 현장을 습격하여 공사를 지연시키거나 아예 막는 것인데 시라쿠사는 여건상 다른 방식으로 반응하였다. 대응벽 건설은 헤르모크라테스(Hermocrates)에 의해 주도되었다. 투키디데스는 그를 총명하며 군사 분야에 많은 경험을 가지고 있고 용기 있는 자라고 평가하고 있다.[25] 그는 시라쿠사인들에게 대응벽 건설이 아테네군을 공격하는 것보다 덜 위험하다고 주장하였다.[26] 이미 시라쿠사군은 올림피에이옴에서 한 번 패한 적이 있고 에피폴라이도 탈취당하였다. 더군다나 아테네는 초반과 달리 기병을 보강하였기에 직접 전투를 하기에는 여러모로 시라쿠사에게 불리한 상황이었다.

시라쿠사군은 아테네군의 차단벽이 건설되기 전에 직각으로 대응벽을 건설하여 차단벽의 건설을 막아설 작정이었다. 만일 여기에 실패하면 아테네군이 공격해 올 터인데 그 경우 시라쿠사군은 이미 건

---

25 Thucydides, 6.72.2.

26 Thucydides, 6.99.2.

설한 대응벽에 의지하여 일부의 병력만으로도 이를 격퇴할 수 있을 것으로 예상되었다.

반면에 아테네인들은 이를 공격하기 위해 차단벽 건설을 중단하고 전 병력을 투입해야 할 것으로 판단되었다. 어느 모로 보더라도 총공격보다는 나은 것으로 보였다. 이러한 계산에 따라 시라쿠사군은 축성을 시작하였다. 그림 10의 2번이 시라쿠사에서 아테네군의 차단벽으로 뻗어간 대응벽을 보여준다.

아테네군은 시라쿠사군의 대응벽 건설을 유심히 바라보면서 축성과 습격을 병행할 경우 병력이 양분되어 불리할 것으로 생각되어 자신들의 축성에 더욱 집중하였다. 이러한 상황에서 시라쿠사군이 경계를 소홀히 하는 실수를 범했다. 시라쿠사군 스스로도 자신들의 대응벽이 상당히 진전된 시점이라 아테네군의 공격을 예상하였음에도 한 부대만 수비대로 남겨두고 병력을 시내로 철수시켰다. 아테네군은 시라쿠사 시내에 식수를 공급하는 수도관을 절단하고 경계 임무에서 벗어난 이들이 텐트에 들어가는 것을 기다렸다. 그리고 방책의 경비마저 소홀해진 것을 확인하고는 아테네 중장보병 300명과 경보병을 선발하여 시라쿠사의 대응벽을 급습했다. 그리고 나머지 병력은 두 부대로 나뉘어 한 부대는 시라쿠사 시내에서 원군이 출동하는 것을 저지하고, 또 한 부대는 시라쿠사의 뒷문에서 대응벽으로 진출하였다. 아테네군의 기습은 성공하였다. 병사들은 시라쿠사의 대응벽을 무너뜨리고 말뚝을 뽑아서 옮기고 전승

총을 세웠다.[27]

시라쿠사인들의 패배는 쓰라린 것이었다. 지리적인 여건 때문에 대응벽을 새로 건설하는 것이 어렵기 때문에 확실하게 아테네군의 차단벽을 막았어야 했는데 자신들의 경계가 소흘하여 습격을 당하고 자재마저 약탈당하였기 때문이다. 시라쿠사군은 첫 대응벽을 상실한 뒤에도 전략을 바꾸지 않고 새로운 대응벽을 건설하고자 하였다. 이번에는 더욱 진전된 아테네의 차단벽을 저지하기 위해 첫 대응벽보다는 상당히 아래 방향으로 습지를 관통하는 방책과 여기에 연하는 참호를 구축하였다. 아테네군은 한 번 더 공격을 감행하였다. 이번에는 해군도 대항으로 진입하게 하였고 육군은 에피폴라이에서 시라쿠사의 방책과 참호로 진격하게 하였다. 새벽 어둠을 이용하여 공격을 개시하고 습지대를 통과하기 위해 진흙 위에 판자와 목재를 깔고 이동한 아테네군은 시라쿠사군의 방책과 참호를 완전히 점령하였다. 그림 10의 3번이 시라쿠사군의 방책과 참호선을 보여주며 이를 공격하는 아테네군의 해군과 육군의 이동을 설명하고 있다. 아테네군은 승리를 거두었으나 전투 중에 장군 가운데 한 명인 라마코스가 전사하였으며 아테네군의 중심지가 순간 위기에 처하여 병중에 있던 니키아스의 기지로 이를 지켜냈다. 결과적으로 아테네군은 중심지에서 대항까지 이어지는 이중 차단벽을 완성하였고 시라

---

27 Thucydides, 6.100.

쿠사인들은 절망에 빠지게 되었다.[28]

길리포스에 의한 경쟁

세 번째 축성 경쟁은 시라쿠사의 장군이 아닌 스파르타의 장군 길리포스(Gylippus)에 의해 주도되었다. 길리포스는 아테네로 이송 도중 스파르타로 탈출한 알키비아데스가 충고한 대로 시라쿠사와 동맹군을 지휘하기 위해 파견된 인원이었다. 그는 자국의 선원과 승무원 가운데 무장한 인원 700명, 다른 도시로부터 충원한 중장보병과 경보병 약 2,000명, 기병 100기를 지휘하여 에우리엘로스를 통하여 에피폴라이로 진출하였고 그곳에서 시라쿠사군과 합류하여 아테네군의 차단벽으로 이동하였다. 이 시점에 아테네의 이중 차단벽은 대항 방면으로는 거의 완성 단계에 있었고, 다른 해안으로의 구간도 이미 대부분 돌이 깔리고 부분적으로 공정이 진행되고 있었다.[29]

아테네군이 시라쿠사군을 습지에서 공격하여 승리한 시점과 길리포스가 에피폴라이에 진출한 시기 사이에 어느 정도의 기간이 있었는지 확정하기는 곤란하다. 투키디데스가 명확하게 진술하지 않았을뿐더러, 그 사이에 정치·외교적인 기술을 삽입하였기 때문이다.

---

28 Thucydides, 6.101~102.

29 Thucydides, 7.2.4.

이 기간을 활용하여 니키아스는 원래 계획하였던 차단벽의 나머지 부분, 즉 시카에서 북쪽으로 향한 구간을 완성하였어야 했는데 그렇게 하지 않았다. 아마도 이는 아테네군이 병력을 동원하여 실질적으로 에피폴라이를 장악하고 있어서 방심하였기 때문일 것이다. 분명한 것은 아테네 측이 육해군의 성과를 바탕으로 시칠리아의 많은 도시국가와 동맹을 체결하기에 충분한 시간이었다는 것이다. 이 기간에 군수 물자가 이탈리아반도에서도 도착하였으며 시라쿠사에서도 니키아스에게 접근하여 강화교섭까지 진행하였다.[30] 이 시기 길리포스는 시라쿠사가 완전히 포위되었다는 소문을 듣고 타라스에서 병력을 지원받으려 하였고 이에 실패하자 이탈리아 연안을 항해하다가 폭풍우를 만나 다시 타라스로 간 뒤 폭풍에 파손된 배를 수선하였다.[31] 즉, 적어도 니키아스는 중심지에서 다른 해안으로 향한 차단벽을 완성할 수 있는 여유를 가지고 있었음을 알 수 있다. 심지어 니키아스는 길리포스가 온다는 것을 알았으면서도 그가 동반한 선박의 척수가 작은 것을 알고 무시하였다.

니키아스가 나머지 북동쪽으로의 차단벽을 완성하지 못한 것은 길리포스가 등장한 이후 전개된 상황을 볼 때 돌이킬 수 없는 실책이었다. 길리포스는 차단벽이 완성되지 못한 구간으로 접근하였다. 만

---

30 Thucydides, 6.103.

31 Thucydides, 6.104.

일 차단벽이 완성되었더라면 길리포스는 시라쿠사에 진입하기가 어려웠을 것이다. 육지는 이중 차단벽에 의해 포위되고 해상에는 아테네의 해군이 대항을 통제하면서 인근 해역을 지배하고 있었기 때문이었다. 그러나 그가 시칠리아에 상륙하였을 때 에피폴라이를 통해 접근할 수 있는 통로가 열려 있는 상태였고 아테네군은 이를 완전히 봉쇄하지 못하였다. 구간별로 공사가 진행되어 어느 구간은 완성된 상태였지만 어느 구간은 반쯤 완성되었을 뿐 완벽한 봉쇄가 이루어지지 않은 상황이었다.

길리포스는 두 가지 작전을 구사했다. 그는 아테네의 차단벽 공사를 저지하기 위한 대응벽을 건설하면서 아테네군에 습격을 감행하였다. 그는 이전에 시라쿠사인들이 처했던 상황과 달리 하루라도 빨리 공사를 멈추어야 했고, 군사적으로도 승산이 있었기에 대응벽 건설과 공격을 병행하였다. 그는 랍달롬과 시라쿠사를 연결하고자 하였다. 길리포스는 공사를 위해 아테네군이 깔아놓은 석재를 활용하여 공사를 진척시키면서 시라쿠사군과 동맹군을 방벽 앞에 전개하여 아테네군을 도발하였다. 길리포스는 결국 이틀간의 전투에서 아테네군을 패배시키고 이를 통해 아테네군의 차단벽 건설을 저지할 수 있었다.[32] 그림 10의 4번이 길리포스가 성공시킨 대응벽을 보여주고 있다. 결과적으로 아테네군이 시라쿠사를 완전히 포위할 수 있는

---

32 Thucydides, 7.6.4.

기회가 완전히 사라졌으며 시칠리아 분쟁의 전세가 근본적으로 달라지게 되었다.[33]

4. 파국을 향한 결전

지상 결전

축성 경쟁에서 패한 니키아스는 아테네에 지원군을 요청하였다. 시라쿠사 측에 코린토스, 암브라키아, 레우카스로부터 원군이 도착하였고 길리포스가 시칠리아의 다른 지역을 방문하여 병력을 모으고 있어 시간이 지날수록 아테네군이 불리한 처지에 놓이게 되었기 때문이다. 그는 이러한 사실을 전할 사자를 보내면서 별도로 편지를 보내어 아테네인들이 그의 요청을 정당하게 평가할 수 있도록 조치하였다. 이후 그는 방어 진지 안에 머물면서 경비를 강화하고 아무런 조치도 취하지 않았다.

니키아스는 그의 편지에서 스파르타의 장군 길리포스가 지휘하는 동맹군이 내습해왔을 때 아테네군이 처음에 승리를 거두었음과 부

---

33 웨리(John Warry)도 앞의 요도를 설명하며 동일한 견해를 제시하고 있으며, 이를 니키아스의 큰 실책이라고 강조하였다.

득이하게 적의 기병과 투창병에 의해 패배하였음을 해명하였다. 그의 전투 지휘나 아테네군과 그 동맹의 전투 능력에 문제가 없었음을 먼저 강조한 것이다. 이어서 그는 향후 작전 계획을 설명하였다. 그는 적이 이미 방벽을 완성하였기 때문에 상당히 강력한 전력으로 방벽을 완전히 점령하지 못하면 시라쿠사를 완전히 포위할 수 없다고 하였다.[34] 그는 여전히 시라쿠사 포위를 생각하고 있었고 이를 위해서 강력한 지상 전력이 보완되어야 함을 호소한 것이다. 그러면서 현재 원정군이 무기력하게 방어진 내에 칩거하고 있는 이유가 적의 기병대 때문이라며 이를 합리화하였다. 아울러 그는 해군 전력이 약화되고 있는 현실과 적의 동맹이 증가하고 현지에서 아테네의 세력이 감소하는 것, 그리고 자신이 중병으로 장군직 수행이 어려움을 고하면서 제1차 원정에 못지않은 전력과 자금이 필요함을 호소하였다.[35]

니키아스의 지원 요청에 따라 아테네는 전쟁 19년차에 데모스테네스(Demosthenes)와 에우리메돈(Eurymedon)의 지휘 아래 73척으로 구성된 선단을 파견하였다. 이 선단에는 아테네인과 용병을 포함한 중장보병 5,000명과 주로 그리스인들로 구성된 투창병, 궁수, 투석병 등 경무장보병이 다수 승선하고 있었으며, 상당한 양의 중장비가 적

---

34 Thucydides, 7.11.3.

35 Thucydides, 7.15.

재되었다.[36] 아테네는 니키아스의 지원 요청을 적극적으로 수용하여 대규모로 증원 병력을 파견하였지만, 그가 장군직은 계속 유지하도록 하였다. 데모스테네스와 에우리메돈은 니키아스의 권한을 일부 이양받아 지휘하도록 임명된 장군들이었다. 니키아스의 건강을 고려하여 지휘부를 보강해준 조치였다.

증원군의 도착 이후 아테네군 지휘부는 빠른 템포로 작전을 수행할 것을 결정하였다. 이는 데모스테네스의 판단에 의한 것으로 그는 만일 니키아스가 시칠리아에 도착하자마자 시라쿠사 자체를 공략하였더라면 펠로폰네소스에 원군 요청조차 못 하였을 것이고, 포위벽에 둘러싸일 때까지 자신들이 위험에 처한 줄 몰랐을 것이라고 판단하였다. 그는 니키아스가 엉뚱한 곳에서 겨울을 보내고 길리포스에게 기선을 제압당해 승기를 놓쳤다고 보았다. 이러한 판단을 바탕으로 그는 아직 시라쿠사와 그 동맹군이 새로이 도착한 아테네의 증원군을 두려워하고 있는 이 시점에 신속히 공격을 개시할 것을 결정하였다.[37]

데모스테네스의 결정은 그가 니키아스의 작전 수행 방식, 즉 포위를 통한 작전에 근본적으로 동의하고 있었음을 보여준다. 데모스테네스는 이어서 에피폴라이에 있는 시라쿠사의 대응벽을 점령할 것

---

36 Thucydides, 7.42.1~2.

37 Thucydides, 7.42.3.

군사사의 관점에서 본 펠로폰네소스 전쟁

을 결심하였다. 그가 보기에 이 방벽은 한 겹으로 건설되어 탈취가 간단해 보였기 때문이다. 그래서 에피폴라이로 올라가는 길목과 시라쿠사군의 진지만 점령하면 방벽은 간단히 확보할 수 있을 것으로 보았다. 그는 이것이 전쟁을 종결지을 수 있는 가장 빠른 방법이라고 생각하였고 즉각적으로 시행하고자 하였다. 일단 그는 육군과 해군을 모두 동원하여 아나포스강 인근을 유린하였는데, 시라쿠사군이 별다른 저항을 하지 않았다.

데모스테네스의 결정은 니키아스가 본국에 지원을 요청하며 밝혔던 구상과 시라쿠사의 대응벽을 무력화하고 점령한다는 관점에서 동일하였다. 그 다음 단계의 행동에 대하여 데모스테네스가 밝히지는 않았지만, 기본적으로 포위전을 염두에 두고 있었으므로 나머지 구간에서 이중 차단벽을 완성하여 시라쿠사를 완전히 포위하려 하였을 것이다. 니키아스의 구상과 달랐던 것은 이를 신속하게 수행했다는 점이었다. 아마도 니키아스 자신은 언제 어디서 공격을 개시하여야 할지 아직 정하지 못하였을 수도 있다. 때문에, 데모스테네스가 시라쿠사 대응벽에 대한 공성퇴 공격에 실패하고 에피폴라이에 직접 공격을 요청하였을 때 쉽게 승인할 수 있었을 것이다.

데모스테네스가 신속한 공격을 결정하며 한 가지 간과하였던 사실이 있다. 그것은 시라쿠사는 물론 길리포스가 에피폴라이의 방어망을 촘촘하게 구성해놓았다는 것이다. 시라쿠사군은 과거 에피폴라이로 올라가는 진입로인 에우리엘로스 경비에 실패하여 아테네군의 진출을 허용한 전력을 가지고 있었고, 길리포스 자신도 에우리엘로스를 통해 에피폴라이로 진출하였었다. 이들은 모두 에피폴라이의 가치와 중요성을 잘 이해하고 있었으며, 이를 방어하기 위한 병력을 세밀하게 배치하였다. 우선 이전과 동일하게 에우리엘로스에 시라쿠사군의 경비대가 배치되었다. 그리고 방벽을 연하여 시라쿠사군, 시케리아군, 그리고 기타 동맹군이 각각의 진지를 편성하여 배치되어 있었다. 그리고 시라쿠사군 600명으로 조직된 에피폴라이 수비대가 자리 잡고 있었으며, 마지막으로 시라쿠사부터의 지원 체계가 구축되어 있었다.[38]

데모스테네스가 지휘한 아테네군은 시라쿠사와 그 동맹군이 구축한 방어망에 남김없이 걸려들었다. 아테네군은 해가 지자 5일분의 식량을 휴대하고 공성 인력과 장비를 운반하며 에우리엘로스에서 에피폴라이로 접근하고 방벽에 진입하여 그곳의 수비대를 공격하였다. 문제는 이들 수비대가 방벽에 연하여 설치된 세 곳의 진지에 아테네군의 내습 사실을 알렸고 에피폴라이 수비대에도 이를 전파한 것이다. 물론 아테네군이 기습을 통하여 주도권을 유지하고 있었기에 저항을 극복해 갈 수 있었지만 보이오티아군에 의해 전진이 막혔고 심각한 피해를 입은 채 패주하였다.[39] 그리고 여기에 야간 전투가

---

38 Thucydides, 7.43.

39 Thucydides, 7.43.7.

가져다주는 혼란 때문에 더욱 큰 손실이 발생하였다. 아테네군에 여러 도시국가에서 참여하다 보니 다양한 언어를 사용하고 피아의 구분이 제대로 되지 않아 우군 간 피해가 발생하였으며, 도망치던 병사들이 절벽에서 추락하여 죽기도 하였고, 지형을 모르던 병사들은 들판을 헤매다가 다음 날 시라쿠사 기병대에 죽임을 당하기도 하였다.[40] 아테네군은 심각한 손실을 겪었다.[41]

철수를 위한 해상 결전

데모스테네스의 패배는 너무나 어이가 없었고 너무나 큰 피해를 초래하였다. 니키아스가 초반에 과감히 공격하지 못하여 승기를 놓쳤다면, 데모스테네스는 초반부터 경솔한 공격을 감행하여 궤멸적인 패배를 당하였다. 비록 그가 생각하였던 대로 대규모 아테네군이 시칠리아에 머무르면 머물수록 비용이 늘어나는 것이 사실이지만 적어도 초반에 대규모 패배 없이 어느 정도 세력을 유지하고 있었으면 길리포스가 쉽사리 공격해 올 수는 없었을 것이며, 이후에 닥쳐올 비극은 예방할 수 있었을 것이다. 아테네군을 한층 더 어렵게 했

---

40 Thucydides, 7.44.

41 Thucydides, 7.45.2.

던 것은 데모스테네스의 전격적인 총철수 제안이었다.[42] 비록 공격이 실패해서 큰 패배를 당하였고, 그로 인해 사기가 저하되었으며 주둔지가 습지이기 때문에 환자도 증가하였지만, 너무나 갑자기 철수를 제안한 것이었다. 한편 니키아스의 정보에 의하면 시라쿠사도 많은 고통을 겪고 있었으며 특히 재정이 거의 고갈되어가는 상황이었다. 그는 시라쿠사에 남아 공격을 계속해야 한다고 주장하였다.[43]

 니키아스가 쉽게 실기하는 특성과 데모스테네스의 경솔함이 서로 어울려 아테네군을 새로운 재앙으로 몰고 갔다. 그 귀결은 시칠리아에서 탈출하기 위한 마지막 결전과 대패배, 그리고 전원이 포로가 되는 전례 없는 비극이었다. 니키아스는 시라쿠사에 펠로폰네소스로부터 새로운 중장보병 부대가 원군으로 도착한 것을 알게 되어 철수를 결심하였다. 하지만 철수하기로 한 날 월식이 발생하자 불길한 전조로 여겨 이동을 포기하였다.[44] 이러한 정황을 확인한 시라쿠사군은 아테네군에 대한 압력을 높이기로 하여 지상과 해상에서 소규모 교전을 도발하였으며, 그 과정에서 해전에서 승리를 달성하고 대항을 폐쇄하였다. 대항의 폐쇄는 아테네군 수뇌부로 하여금 해상 결전과 이를 통한 철수를 결정하게 하였다. 이들은 만일 해상으로 철수

---

42 Thucydides, 7.47.

43 Thucydides, 7.48.

44 Thucydides, 7.50.4.

가 곤란하게 되면 육상으로 탈출할 것을 결정하였다.[45]

아테네군의 탈출은 특별한 전략 없이 추진되었다. 직전의 해전에서 시라쿠사 해군에게 패하였는데, 이에 대한 정밀한 분석 없이 해전을 시도한 것이다. 시라쿠사 해군은 아테네군을 압박하던 시기 육군과 함께 합동작전을 전개하면서 한번은 76척을 출격시켰다. 이에 아테네는 86척의 세력으로 응전하였다. 이때 아테네 해군의 에우리메돈이 시라쿠사 함대를 포위하고자 대열을 신장하였는데, 거꾸로 시라쿠사 해군으로부터 선공을 받아 본대로부터 분리되었고 그의 지휘 아래 있던 함정들은 격멸당하였다. 아울러 시라쿠사군에 의해 아테네 함정들이 시라쿠사 측 해안으로 밀려가 시라쿠사 육군에게 대거 나포될 상황에 처하였는데, 지상군의 활약으로 인해 구조될 수 있었다. 하지만 19척의 선박을 빼앗겼으며 승무원들은 모두 시라쿠사군에게 살해당하였다.[46] 아테네 해군의 참패였다.

아테네 해군은 이전에도 시라쿠사 해군과 교전하며 고전한 적이 있었다. 시라쿠사 함정들은 아테네 함정과 교전하기 위하여 선수 부분의 돌출부(prow)를 뭉툭하게 잘라내고 금속 돌기를 덧씌웠으며, 이물의 양 현측에 있는 닻걸이(cathead)를 두껍게 보강하고 보조목까지 대었다. 이러한 변형은 코린토스의 함정들이 효과를 보고 전수

45　Thucydides, 7.60.2.

46　Thucydides, 7.53.

해준 방법이었다. 코린토스의 조타술이 떨어지다 보니 아테네 해군이 하는 디에크플로스(Diekplus) 같은 전술을 구사하지 못하고, 대신 아테네 함정에 정면으로 충돌하여 뱃전을 파괴하는 방법을 택하였는데 이것이 성과를 거두었던 것이다.[47] 문제는 이 방법이 복잡한 조타술을 필요로 하지 않을뿐더러 대항 내부와 같은 좁은 공간에서 훨씬 효율적이라는 것이다. 시라쿠사 해군도 이 방법으로 실제 성과를 거두었다.

아테네 지휘관들은 해전에서 발생한 전술적 변화에 대해 함상 백병전을 도입하기로 하였다. 이들은 대항 내의 좁은 공간에서 전투하므로 중장보병과 경보병을 최대한 많이 승선시켜서 적선이 충격해 오면 이를 갈고리로 붙잡아 연결해놓고 상대방 선박으로 건너가 백병전을 수행하기로 하였다.[48] 결과적으로 양측은 혼전을 벌였다. 아테네 함정이 110척이었고 시라쿠사 측의 함정이 90척 정도였으며 시라쿠사군은 장애물로 보강된 대항의 입구에서 그리고, 아테네군은 해안 쪽에서 출발하여 서로 충돌하였다. 그 결과 아테네 함정들

---

47 Thucydides, 7.34, 36. 디에크플로스는 네 척이 한 팀을 이루어 상대방 진영을 돌파하면서 한 척이 먼저 급격히 기동하여 뚫고 들어가 한 척의 현을 따라 진행하여 상대의 노를 부러뜨리면 다음 배가 그 배의 측면을 충격하여 구멍을 내고 이를 다음 배가 엄호해주는 방식이다.

48 Thucydides, 7.62.1.

군사사의 관점에서 본 펠로폰네소스 전쟁

이 해안의 차단벽 진지로 퇴각하였다.[49] 아테네 측은 60척 정도가 남았고 시라쿠사는 50척 미만의 선박이 남아 아테네의 피해가 조금 더 컸지만 남은 전력도 아테네가 좀 더 많았다. 언뜻 보면 아테네군이 선전한 것 같지만 돌파구를 만들어 탈출하고자 했던 아테네로서는 뼈아픈 실패를 겪은 것이다.

사실 아테네 해군이 가장 피했어야 하는 것이 서로 뒤엉켜서 혼전으로 빠지는 것이었다. 혼전의 결과, 승리하더라도 최후에 남아 피해를 입을 대로 입은 일부가 빠져나갈 수 있었고, 지면 전혀 빠져나갈 수 없게 되기 때문이다. 여건상 혼전이 불가피하더라도 처음부터 별도의 세력을 분리해두었다가 혼전이 발생하였을 때 장애물의 일부에 열려 있던 구간을 강력하게 돌파해서 대항을 탈출하였어야 했다. 일단 바다로 나오면 조타술이 뛰어난 아테네 해군이 유리하였을 것이다. 아테네 해군에게 있어 관건은 어떠한 상황에도 조직적으로 행동하여 돌파를 감행할 전력을 따로 보유하는 것이었다. 반면 니키아스를 비롯한 장군들은 모든 병력을 최대한 많이 태워 대항 내에서 백병전을 전개하려 하였는데, 아쉽게도 백병전은 아테네보다는 펠로폰네소스 측이 우위를 가지고 있는 분야였다. 결과적으로 한꺼번에 모든 것을 걸었던 무모한 도박이 실패한 것이다.

---

49 Thucydides, 7.71.

5. 비극의 종말

시칠리아 원정 기간 아테네군은 분명히 결정적인 호기를 맞이하였다. 중심지에서 대항까지 이중 차단벽이 완성된 시점이 바로 그 시기였다. 시라쿠사인들은 낙심하였고 시칠리아의 많은 도시국가가 아테네와의 동맹을 선택하려고 하였다. 길리포스에게는 시라쿠사가 완전히 포위되었다는 잘못된 소문이 들려왔던 때였다. 니키아스는 이 시기에 두 가지를 시행하였어야 했다. 시라쿠사와 강화를 체결하여 전쟁을 끝내거나 나머지 이중 차단벽을 신속하게 완성하였어야 했다. 데모스테네스의 비판처럼 니키아스가 처음부터 적극0적으로 작전을 수행하지 못한 것이 사실이었지만 그보다는 차단벽을 완성하지 못하여 길리포스에게 공간을 열어주었던 것이 결정적인 실수였다. 그에게는 차단벽을 완성할 시간과 여건이 존재하였었다. 또한, 만일 그가 길리포스가 개입하기 이전에 시칠리아와 강화를 마칠 수 있었더라면 아테네군은 승리로 원정을 마감할 수 있었을 것이다.

데모스테네스에 의한 증원 이후 아테네군은 두 번에 걸쳐서 대규모 패배를 당하였다. 두 패배의 경위는 비슷하였다. 치밀한 준비 없이 경솔하게 대병력을 투입하여 큰 손실을 겪었다. 첫 패배는 데모스테네스가 주된 원인을 제공하였고, 두 번째 패배를 가져온 주된 인원은 드러나지 않았다. 투키디데스가 침묵하고 있기 때문이다. 분명한 것은 데모스테네스의 조급함과 니키아스의 우유부단함이 결합하여 재앙적인 패배를 초래하였다는 것이다. 애초부터 총철수를 주장한 전력과 단번에 승패를 결정하고자 한 작전의 양상을 보아서는 두 번째 패배에도 데모스테네스의 역할이 컸을 것으로 보인다. 두 번 모두 아쉬움이 많이 남는 전투였다. 좀 더 시간을 가지고 더 많은 고려 아래 준비하였더라면 재앙적인 결과는 충분히 피해 갈 수 있었을 것이다. 패배의 결과는 심각하였다. 7,000명에 달하는 인원이 포로가 되어 채석장에서 극심한 고난을 겪었으며 아테네인들은 거의 돌아오지 못하였다.

전투사를 중심으로 살펴본 시칠리아 원정은 투키디데스가 전해준 전쟁의 모습과는 사뭇 다른 뉘앙스를 띠고 있다. 투키디데스의 서술은 주된 패전의 책임자로 니키아스를 지목하고 있으며, 그가 원정 초기에 우유부단하였기 때문이라고 데모스테네스의 평가를 통하여 주장하고 있다. 하지만 축성 경쟁으로 특징지을 수 있는 시칠리아에서 벌어진 일련의 전투를 살펴본 결과 니키아스가 원정 초기보다는 중기에 시라쿠사의 2차 대응벽 건설을 무력화한 뒤 차단벽을 완성하지 못한 것과 조기에 강화로 전쟁을 끝내지 못한 것이 실패의 원인이었음을 알 수 있다. 그가 우유부단했다기보다 방심하였다는 것이 적절한 평가일 것이다. 아울러 데모스테네스가 지나치게 조급한 공격과 철수를 감행하여 아테네군 전체를 돌이킬 수 없는 패배로 몰아넣은 것이 시칠리아 비극의 직접적인 계기였음을 알게 된다. 아테네는 시칠리아에서 실패함으로써 펠로폰네소스 전쟁에 대한 암울한 전망을 갖게 되었다. 아테네에는 뛰어난 전략가도 장군도 없었으며, 그들의 욕망을 절제시키고 닥쳐온 비극을 씻어줄 위대한 정치가가 없었음을 깨달았기 때문이다.

제6장

마케도니아의 부상과
알렉산더 대왕의 군사적 성공

마케도니아의 부상과
알렉산더 대왕의 군사적 성공[1]

1. 마케도니아의 등장

　마케도니아의 알렉산더(Alexander) 대왕과 그의 아버지 필립(Philip) 2세의 무용과 전쟁 이야기는 고전적인 영웅담으로 여러 세대에 걸쳐 사람들의 상상을 자극하는 중요한 소재가 되었다. 그리스 지역의 변방에 불과하였던 마케도니아가 그리스 지역을 제패하고, 이집트는 물론 대제국 페르시아를 정복한 뒤 멀리 인도의 일부까지 복속시킨 위업은 역사적 사실이면서도 신화가 되어서 각 지역에서 전승되어

1　이 장은 『서양역사와 문화연구』 Vol.46, 2018에 게재된 「마케도니아군의 군사개혁과 성과－필립 II세를 중심으로」를 수정하였음.

왔다.[2] 이보다도 더 놀라운 성취와 영웅적인 서사는 존재하기 어려울 것이다.

사실 마케도니아의 알렉산더 대왕은 당대의 가장 뛰어난 군대인 마케도니아군의 활약으로 인해 자신의 업적을 이룰 수 있었다. 물론 마케도니아군은 알렉산더나 그의 아버지 필립이 없었더라면 존재하지 않았을 것이다. 그러나 적어도 알렉산더가 자신의 군대를 가장 전투효율성이 높은 군대로 육성하였고, 그 군대가 알렉산더의 지휘 아래 전장에서 승리를 거두었기에 알렉산더의 전설이 탄생할 수 있었음을 이해하게 된다. 관건은 마케도니아군이 당시 그리스는 물론 전 세계에서 가장 효율적인 군대였다는 것이다. 마케도니아군은 무명의 군대에서 어느 날 그리스 세계에서 가장 주목받는 군대가 되었으며 이는 순전히 필립의 노력에 의한 것이었다. 마케도니아군은 그 이후 더욱 다듬어져 알렉산더의 원정을 수행하는 믿음직한 수단이 되었다.

마케도니아군의 성공에 주목하면 주목할수록 마케도니아군과 당시의 일반적인 그리스군과의 차이는 덜 관심을 받아왔다. 큰 관점에서 보면 마케도니아군은 그리스 문명권의 군대이고 해당 문명권 내에서 성장한 과정이 관심거리가 될지언정 그 군대가 같은 문명권의

---

2 알렉산더에 관한 여러 지역의 신화는 프랑수와 슈와르, 『알렉산더』, 김주경 역, 해냄, 2004 참조.

다른 군대와 가진 차이는 의미가 없기 때문이다. 반대로 이후에 이 군대가 동양의 전제군주들이 지휘하는 군대들을 제압한 것이 훨씬 더 많은 관심을 끌어왔다. 사실은 이것이 알렉산더를 주인공으로 한 영웅적 서사의 대부분을 구성하고 있다.

반면 군사제도의 변화에 관심을 두게 되면 마케도니아군의 변화는 대단히 특이한 사례로 인식된다. 당시의 일반적인 그리스 문명의 군대와는 전혀 다른 특성을 지니고 있으며, 놀랍게도 이 군대가 당시 가장 높은 전투효율성을 지닌 우수한 군대가 되었기 때문이다. 그리스 세계에서의 급격한 부상과 세계적인 차원에서의 놀라운 성공은 마케도니아군의 태생을 고려할 때 좀처럼 발생하기 어려운 현상으로 간주되기 때문이다.

이 장에서는 이러한 관점에서 마케도니아군과 당시 일반적인 그리스 지역의 군대와의 차이점을 분석한다. 당시 마케도니아에서 발생한 변화는 개혁으로 태동하였으므로 자연스럽게 여기에서는 마케도니아군의 개혁을 다룬다. 그에 따라 전반적으로 마케도니아군과 그리스군의 차이점을 다루면서 이를 개혁의 관점에서 바라보고 변화의 원인과 결과를 고찰하고자 한다. 기본적으로 이 장에서는 먼저 군사제도의 개혁을 살피고, 이어서 전투 방식의 변화를 고찰한 뒤 마케도니아군의 군수 분야의 변화를 조망하고자 한다.

2. 군사제도의 개혁

보병의 개혁

BC 359년 필립 2세의 왕의 즉위 이후 마케도니아는 이전까지 존재해오던 것과는 다른 방식의 군사력을 건설하기 시작하였다. 전통적으로 마케도니아는 귀족들 위주로 편성된 기병을 주축으로 군사력을 형성하였으나, 필립은 그동안 주목받지 못하던 농민을 전투력의 새로운 자원으로 인식하였다. 그는 농민을 대규모로 동원하여 중장보병(hoplite)으로 탈바꿈시킨 뒤, 이들로 당시 그리스 사회의 주된 전투 방식인 밀집 방진(phalanx)을 구성하고자 하였다. 이러한 시도는 말할 것도 없이 그가 테베에서 인질로 지내는 동안 보병 전투력의 중요성을 목격하였기 때문에 가능하였던 일이었으며, 상대적으로 인구가 많은 마케도니아의 현실과도 부합하는 것이었다.[3]

디오도로스(Diodorus)의 기록에 의하면 필립은 BC 359년 왕위에 오르자 (보병) 조직을 개편하고 필요한 장비를 지급하였으며 훈련 방법을 끊임없이 개선하였다. 필립 자신이 고대 트로이에서 싸운 영웅들

---

[3] Michael M. Sage, *Warfare in Ancient Greece*, New York: Routledge, 1996, p.167.

의 대형인 방진을 모방한 진형을 고안하였으며 조직을 설계하였다.[4] 디오도로스가 마케도니아의 보병이 트로이에서의 전투대형을 모방한 것으로 설명한 것은 문자 그대로 모방하였다기보다는 전통적인 가치에 비추어 타당한 개혁이었다는 것으로 이해된다.[5] 디오도로스는 필립이 개혁을 통하여 이듬해인 BC 358년에 마케도니아를 침공해 온 일리리라의 10,000명에 필적할 수 있는 10,000명의 보병을 육성할 수 있었다고 하였다.[6]

고대 그리스 사회의 주된 전투력은 중장보병에 의한 밀집방진이었으며, 필립이 테베에서 머무는 동안에도 중장보병의 명성은 계속 유지되었다. 이러한 전투 방식은 스스로 자신의 무구를 구입할 수 있는, 아테네의 경우 곡식이나 올리브 혹은 포도주의 수입이 200~300부셸에 이르는 농민들을 구성요소로 하였다.[7] 밀집방진 속에서 병사들은 청동으로 만들어진 투구, 가슴 가리개, 방패, 그리고 정강이 보호대를 착용하고 청동으로 표면을 댄 방패를 왼손으로 들고 최대한 밀착한 상태에서 오른손으로 장창을 앞으로 겨냥하고 앞으로 전진

---

4 P.A. Brunt, "Anaximenes and King Alexander I of Macedon", *The Journal of Hellenic Studies*, Vol.96, 1976, p.152.

5 Ibid.

6 Diodorus, xvi 4, Brunt, 1976에서 재인용.

7 한스 델브뤽, 『병법사』, 민경길 역, 육군사관학교 화랑대연구소, 2006, 49쪽.

하였다.[8]

필립은 테베에 머물던 당시 중장보병과 밀집방진의 위력을 분명하게 인식할 수 있었다. 그가 테베에 인질로 머물던 기간(BC 368~365)은 에파미논다스(Epaminondas)가 레욱트라 전투(Battle of Leuctra, BC 371)에서 거둔 성과로 인해 테베가 그리스 사회의 강자로 부상하였던 시기이며 그 주된 수단은 중장보병이었다. 레욱트라 전투는 보에오티아(Boeotia) 지방의 테베가 전통적인 그리스의 맹주인 스파르타를, 그것도 스파르타가 장기로 삼고 있는 지상전에서 격파한 전투로, 당시는 물론 오늘날에도 널리 알려진 전투이다.[9] 이 전투에서 에파미논다스는 테베군의 좌익에 횡으로 50줄의 병력을 종심 깊게 배치한 뒤 사선으로 전진시켜 스파르타군의 강력한 우익에 대해 압도적으로 우세한 전투력을 집중함으로써 대승리를 거둘 수 있었다.[10] 필립은 특별히 에파미논다스로부터 군사와 외교에 대한 교육을 받음으로써 당시 가장 앞선 군대의 선진 전술을 전수받을 수 있었다.

필립 2세가 창설한 마케도니아의 중장보병은 그리스 사회의 일반

---

8 손경호, 「펠로폰네소스 전쟁을 통해 본 고전기 그리스 군사전략」, 『서양사학연구』 26집, 2012, 7~8쪽.

9 Xenophon, *Hellenica*, 6.4.1~6.4.17.; Diodorus, 15.50.1~15.56.4.; Plutarch, *The Parallel Lives*, V.19.1~V.24.5.

10 자세한 설명은 G.L. Cawkwell, "Epaminondas and Thebes", *The Classical Quarterly*, Vol. 22, No. 2 (Nov., 1972), pp.261~263 참조.

적인 보병과는 사뭇 다른 모습을 지니고 있었다. 마케도니아의 중장보병은 그리스의 장창보다 긴 4.5~5.5m 길이의 사리사(sarissa)로 무장하였다. 이 창의 길이로 인한 무게 때문에 마케도니아인들은 창을 두 손으로 움켜쥐었고 대신 방패를 작게 만들어 목에 걸었다. 전투 대형에서는 앞에서부터 다섯 번째 줄까지 창을 앞으로 겨누었고, 그 다음 줄부터는 점차 각도를 높여 공중으로 향하게 하였다. 이 대형의 장점 가운데 한 가지는 서로 밀착하여 창을 앞으로 지향하면 거대한 고슴도치 같은 형태가 되어 상대의 접근을 허락하지 않는 것이었다.[11]

마케도니아의 중장보병은 두 가지 형태의 전력으로 구성되었다. 첫 번째는 3,000명 규모로 구성된 엘리트 부대로 "방패 든 자들(Shield Bearers, Hypaspists)"로 불리는 조직이었다. 이 인원들은 아게마(Agema)로 불리는 1,000명 단위의 대대로 편성되었고 왕에 대한 깊은 충성심을 지녔으며 높은 수준의 훈련을 받았다. 그 외의 중장보병들은 페제타이로이(Pezetairoi)로 불리었으며 정규 방진을 구성하였다. 보통 방진은 16명×16명으로 편성되었는데 이를 신타그마(syntagma)로 호칭하였다. 페제타이로이의 경우에는 6개의 신타그마를 모아서 1개의 대대를 구성하였고 이를 택시스(taxis)로 통칭하였다. 마케도니아

---

11 Brian Todd Carey, *Warfare in the Ancient World*, Barnsley, South Yorkshire: Pen & Sword Military, 2009, pp.66~67.

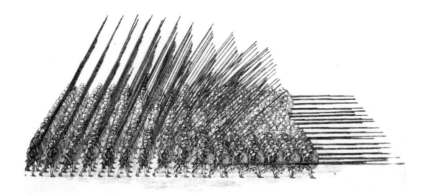

그림 11. 마케도니아 방진 도식의 예
출처 : https : //www.historyhit.com/how-the-macedonian-phalanx-conquered-the-world/(검색일 : 2020.5.23.)

군의 중장보병은 전체적으로 12개의 택시스로 편성되었다.[12]

페제타이로이는 중장보병을 지칭하기도 하지만 마케도니아의 보병을 일컫는 일반적인 명사로 사용되기도 한다. 다만 페제타이로이는 필립이 보병개혁을 하기 이전에 존재하였던 조직이다. 일반적으로 알렉산더 2세(Alexander Ⅱ, BC 370~369/8)가 당시의 보병을 편성하면서 페제타이로이로 명명한 것으로 설명되고 있다.[13] 이에 비해 히파스피스트는 기원이 필립에게 있는 것으로 보이며 페제타이로이가

---

12 Ibid.

13 A.B. Bosworth, "Α ΣΘΕΤΑΙΡΟΙ", *The Classical Quarterly*, Vol.23, No.2(Nov., 1973), p.245.

출신 지역에 따라 편성된 것과 달리 왕에게 대한 개인적인 충성심에 의해 선발되고 편성된 것으로 주장되고 있다.[14] 히파스피스트는 BC 356년 이후에 창설되었으며 알렉산더가 왕위에 올랐을 당시에는 비교적 새로운 조직이었다.[15]

중장보병 가운데 엘리트 부대를 따로 보유하는 것은 그리스 세계에서는 보기 드문 일이었다. 이러한 현상은 필립이 인질로 있던 테베의 300명으로 구성된 신성 부대(Sacred Band)를 모방한 것으로 보인다. 한편 두 부류의 중장보병을 가지게 됨으로써 마케도니아군은 전술적 운용에 상당한 융통성을 보유하게 되었으며 실제 엘리트 보병을 정규 방진과 기병 제대 사이에 배치하고는 하였다. 아울러 마케도니아군은 다양한 투척 무기를 지닌 경보병을 편성하는 것도 놓치지 않았는데 자국인을 활용하기보다는 해당 특기를 지닌 이민족 부족에서 이를 충원하였다. 대표적인 예는 스트리몬(Strymon) 계곡 일대에 거주하는 아그리아인들(Agrianians)로 구성된 단창(javelin) 부대였다. 이들은 독립부대로 그들의 왕이 직접 지휘하였는데, 알렉산더는 종종 이들을 초전에 충격부대로 활용하였다.[16]

---

[14] R.D. Milns, "The Hypaspists of Alexander III: Some Problems", *Historia: Zeitschrift für Alte Geschichte*, Bd.20, H.2/3(2nd Qtr., 1971), p.186

[15] Ibid., p.187.

[16] Michael M. Sage, op.cit, p.176.

기병의 개혁

필립 2세는 기병을 정교하게 다듬어서 마케도니아군의 가장 중요한 특징이자 중요한 전력으로 활용하였다. 이 시기 그리스 사회의 전쟁은 중장보병에 의하여 주도되었으며 기병은 주로 정찰이나 엄호 등 보조적인 임무에 활용되었다. 경우에 따라 방진의 측면이나 후면을 공격하는 사례도 존재하였지만, 중장보병의 밀집방진을 직접 상대할 수 있는 존재는 아니었다. 그러나 필립은 충격력을 가진 중기병을 대대적으로 육성하여 방진에 직접 돌격을 감행할 수 있는 전력으로 활용하였다. 그야말로 기병에 생명력을 부여한 것이다.

마케도니아는 북쪽의 유목민족과 그리스 지역을 이어주는 접경지역에 위치한 관계로 유목민족을 상대하기 위하여 이전부터 귀족을 중심으로 한 기병 전력을 보유하고 있었다. 이들은 기동성을 갖추고 있었을 뿐만 아니라 보호장구를 착용하여 보병의 투사 무기로부터도 생존성을 가지고 있었다. 필립은 이를 국가적인 규모로 확장하여 3,300명의 동료기사단(Companions)을 편성하였다. 이들은 300명으로 구성된, 왕이 직접 지휘한 엘리트 부대인 일레(ile, Royal Squadron)와 200~225명으로 구성된 일라이(ilai)로 나뉘어졌으며 일라이는 14개까지 존재하였다.[17]

---

17 Brian Todd Carey, op.cit, p.65.

BC 359년 바르딜리스(Bardylis)가 지휘하는 일리리아의 군대가 마케도니아를 침공하여 일부 도시를 점령하였다. 그는 BC 358년 남부 마케도니아를 향해 진격하려고 하였는데, 필립이 먼저 행동에 나서서 보병과 기병으로 일리리아군을 상대하였다. 필립은 먼저 보병으로 상대의 방진에 균열을 발생시켰고, 그의 기병으로 이 균열을 확장하여 돌파하도록 하였다. 그 결과 일리리아군은 대패하였으며 약 7,000명의 손실을 입었다.[18] 이 기병 전력은 약 600명이었으며 물론 보호장구를 착용한 중기병이었다.

중기병은 보병의 사리사보다는 짧은 3m 정도의 기병용 사리사를 기본 무장으로 채택하였고, 한쪽에만 날이 있는 휘어진 코피스(Kopis)를 휴대하였다. 마케도니아의 중기병이 사리사를 기본 무장으로 채택한 것은 중기병 발전에 중요한 계기가 되었다. 마르클(Minor M. Markle, III)은 일찍이 사리사에 관한 논문을 수차례 발표하면서 BC 339년에 필립이 트리발리아(Triballia) 지역을 공격하였을 때 그곳의 기병들이 긴 창을 활용하는 것을 보고 이를 차용하였다고 주장하였다.[19] 그 증거로 마르클은 사리사가 본격적으로 사용된 것이 BC 338

18 Nicholas G.L. Hammond, "Cavalry Recruited in Macedonia down to 322 BC", *Historia:Zeitschrift für Alte Geschichte*, Bd.47, H.4(4th Qtr., 1998), p.405.

19 Minor M. Markle, III, "Use of the Sarissa by Philip and Alexander of Macedon", *American Journal of Archaeology*, Vol.82, No.4(Autumn, 1978), p.490.

년 테베군을 격파한 카에로니아(Chaeronea) 전투이었음을 들고 있다. 이 전투에서 테베의 정예 부대인 신성 부대가 모두 사리사의 공격을 받고 전멸되었다. 이 시기에 사용된 것이 보병용 사리사인지 혹은 기병용 사리사인지 논란이 있지만 그 위력이 테베의 정예부대를 전멸시킬 정도로 파괴적이었다.

기병이 사리사를 사용하는 것은 많은 훈련을 필요로 하였다. 더욱이 안장과 등자가 없는 조건에서 일반적인 보병이 사용하는 창보다 긴 사리사를 사용하는 것은 많은 숙달을 요구하였다. BC 2세기에 만들어진 유명한 알렉산더의 모자이크화는 전투 중인 알렉산더가 왼손으로 그의 명마인 부케팔로스의 고삐를 쥐고는 오른손으로 창을 비스듬하게 앞으로 기울여 잡고 있는 모습이 나타나 있다.[20] 이 장면은 페르시아군의 창과 비교된 마케도니아 기병용 사리사의 상대적인 길이를 보여주고, 기수들이 그 길이와 무게 때문에 창의 중반부를 잡고 전투하였음을 보여준다. 알렉산더가 잡은 사리사가 비스듬한 균형을 이루고 있기에 그의 손 뒤에 남은 부분이 손 앞으로 뻗어나간 부분과 거의 비슷한 길이임을 추측할 수 있다. 이러한 긴 창을 그것도 페르시아군의 보병창보다 긴 창을 한 손으로만 사용하는 것은 대단히 어렵고 고도의 균형감각을 필요로 하는 것임을 알

---

20 Minor M. Markle, III, "The Macedonian Sarissa, Spear, and Related Armor", *American Journal of Archaeology*, Vol.81, No.3(Summer, 1977), p.336.

그림 12. 알렉산더 대왕
출처 : https : //ko.wikipedia.org/wiki/(검색일 : 2020.5.30.)

수 있다.

마케도니아 중기병은 사리사를 잡은 채 방진에 돌격하였으며 충돌 직전에 창에서 손을 떼었다. 필립은 다른 그리스 지역의 군대가 상대의 방진을 자신의 방진으로만 공격하려고 고집하였을 때 과감하게 중기병을 이에 활용하였다.[21] 사실 기병이 밀집한 보병 대형에 돌격을 감행하는 것은 쉽지 않다. 말 자체가 겁이 많은 동물이기 때문이다. 이러한 사실은 백년전쟁의 크레시나 아쟁쿠르의 예에서 잘 확인할 수 있다. 그런데 마케도니아의 기병은 사리사를 사용하게 되어

---

21 Brian Todd Carey, op.cit, p.65.

기본적으로 상대방 중장보병보다 사정이 긴 무기를 지니게 되었고, 일단 무기체계에서 상대를 압도하여 첫 번째 가능성을 확보하게 되었다. 필립은 여기에 전술적인 혁신을 더하였다. 그는 트라키아 기병들이 쐐기 대형을 사용하는 것을 보고 이를 받아들여 마케도니아 중기병들이 쐐기대형으로 방진에 돌격하도록 하였다.[22]

마르클의 연구에 의하면 이 방식은 대단히 성공 가능성이 높은 방식이었다. 중장보병의 방진은 일반적으로 횡으로 8개 줄로 편성되기 때문에 공격하는 기병이 이보다 많은 수의 종대로 편성되면 산술적으로 돌파에 승산이 있을 수 있다. 특히 쐐기 대형으로 공격하기 때문에 선두의 인원이 제대로 상대의 대열에 진입할 수만 있으면 기병으로 방진을 와해시키는 것이 가능하다. 그의 계산에 의하면 선두의 기수가 상대보다 긴 창으로 먼저 전열의 상대를 쓰러뜨린 뒤, 창을 버리고 칼로 그 다음 상대와 교전을 시도한다. 그러면 공격하는 다음 인원들이 그들의 첫 공격을 한다. 만일 선두가 두 번째 공격에서 실패한다면 그 뒤에 따라오던 인원이 역시 사리사로 먼저 상대를 공격하여 넘어뜨리고 3번째 줄의 인원과 칼로 교전한다.[23] 이런 식으로 하면 최악의 경우에도 7명의 기수가 희생되면 8명을 모두 제압할 수 있게 되며 그 다음부터는 공격 측의 기병이 남게 된다. 그리고 마케

---

22 Markle, "The Macedonian Sarissa, Spear, and Related Armor", p.339.

23 Ibid.

도니아의 일레는 200명 단위로 편성되어 있어 쐐기형으로 대형을 편성할 경우 7명 이상의 충분한 종대를 편성할 수 있다. 결국 마케도니아의 중기병은 사리사를 사용하고 쐐기형으로 대형을 바꾸면서 방진을 돌파할 수 있는 유력한 수단으로 자리 매김하게 된 것이다.

마케도니아군은 또한 경기병의 가치 역시 무시하지 않았다. 경기병은 정찰과 방진의 측면을 보호하는 데 안성맞춤이었다. 필립과 알렉산더는 마케도니아 자체적으로는 중기병을 육성하는 데 주력하고 경기병은 주로 정복지나 보호국에서 차출하여 활용하였다. 대표적으로 테살리아와 트라케 지방에서 기마 단창수들을 충원하여 전력화하였다. 한편 알렉산더는 그의 정복이 진척됨에 따라 유라시아의 스텝 지역에서 기마궁수들을 모집하여 활용하였다.[24]

3. 전투 방식의 변화

전투 지휘의 발달

고대 그리스 세계의 전쟁에서 전투 지휘는 일반적으로 단순하였다. 밀집방진 대형이 일단 접전을 시작하게 되면 대열 속의 병사들

---

24 Brian Todd Carey, op.cit, p.66.

은 방진이 지닌 추동력에 의하여 약간 오른쪽으로 치우치면서 앞으로 전진하였고 이를 돌이키기는 쉽지 않았기 때문이다. 방진 내에 밀착된 인원들이 일사불란하게 방향을 돌릴 수 없었다. 그러기 위해서는 전투원과 전투원 사이에 공간이 필요하였는데 고대 그리스의 방진은 전투원 사이의 간격이 매우 좁았다. 병사들은 자신의 방패를 이용해서 자신의 좌측만 방호할 수 있었고 우측 반신에 대한 방호는 우측의 동료에 의지하였기 때문에 자연스럽게 오른쪽으로 밀착하게 되었다. 또한, 방진의 폭은 자유롭게 확장되었기 때문에 방진 자체가 둔중하여 쉽게 움직일 수 있는 상황이 되지 못하였다.

이러한 연유로 많은 경우에 전투 지휘는 전투가 시작되기 이전의 준비를 의미하였으며 일단 전투가 시작된 이후의 지휘관들은 큰 역할을 할 수 없었다. 이는 통신수단이 발달하지 못한 물리적인 한계의 영향이기도 하다. 방진의 지휘관들은 병사들에게 훈시를 하기 위해서 대형을 따라 움직이며 같은 말을 반복하여야 하였다. 펠로폰네소스 전쟁(Peloponnesian War) 중 델리옴 전투(Delium, BC 424)에서 아테네의 장군 히포크라테스(Hippocrates) 역시 이런 방식으로 훈시를 하다가 보이오티아의 파곤다스(Pagondas)가 그의 부대를 인솔해서 접근해 오는 바람에 훈시를 멈추고 전투를 시작하였다.[25]

마케도니아의 필립 2세와 알렉산더 대왕은 이러한 그리스적인 전

---

25 Thucydides, 4.96.1.

통과는 확실히 구별되는 적극적인 방식으로 전투를 지휘하였다. 알렉산더가 페르시아의 다리우스 3세(Darius III)와 직접 대결하여 첫 승리를 거둔 이수스 전투(The Battle of Issus, BC 333)를 살펴보면 그리스 세계에서 볼 수 없던 역동적인 전투 지휘의 정수를 볼 수 있다. 그는 다리우스가 먼저 마케도니아의 좌측면을 포위하기 위해 기병대를 보내자 자신의 우측에 있던 테살리아 기병대를 움직여 이를 차단하였다. 이어서 방진을 전진시켜 페르시아군 보병을 고착시킨 뒤 중기병 가운데 엘리트 부대인 동료기사단을 이끌고 페르시아 방진의 좌측을 돌아 다리우스에게로 곧장 돌격하였다. 이를 저지할 예비대를 보유하고 있지 못한 다리우스는 더이상 전투를 지휘하지 못한 채 전장을 이탈하고 말았고 페르시아군은 궤멸적인 타격을 입었다.[26]

이러한 지휘는 마케도니아군이 몇 개의 단위로 구분된 융통성 있는 편제를 지녔기 때문에 근본적으로 가능하였다. 일반적인 그리스 군대와 달리 마케도니아는 중기병, 경기병, 중장보병, 그리고 경보병으로 구성되어 있으며 엘리트 부대들이 있어 지휘관이 부대의 특성에 따라 부대 운용을 다양하게 할 수 있었다. 또한 소규모로 이루어지고 왕과의 개인적인 유대관계를 형성하고 있는 엘리트 부대는

---

26 David Potter, "Alexander the Great And Hellenistic Warfare", Philip de Souza ed., *The Ancient World at War*, London: Thames & Hudson Ltd, 2008, pp.122~123.

전장의 혼란한 상황 속에서도 쉽게 왕의 의도에 따라 움직일 수 있는 특성을 지니고 있었다. 아울러 기본적으로 마케도니아군은 중장보병조차도 단일 대형으로 전진하지 않고 사선대형으로 전진하는 등 다양한 전술적 변용을 구사할 수 있는 유연성을 지니고 있었다.

　마케도니아군의 융통성과 유연성은 테베군으로부터 차용한 것으로 보인다. 실제 테베군은 예의 델리옴 전투에서 정예 중장보병 300명을 별도로 운용하였는데, 이들은 부유한 집안의 자제들로 특별한 훈련을 받은 인원들이었다.[27] 또 이 시기에 파곤다스는 테베군을 통상 사용하는 횡의로 8개 줄의 방진이 아닌 25개 줄로 편성하였다. 이러한 양상은 그 뒤에 레욱트라에서도 드러나게 되는데 테베군의 펠로피다스(Pelopidas)가 신성 부대를 지휘하였으며, 에파미논다스는 좌측을 50개 줄로 편성하는 대담한 집중을 구현하였던 것이다.[28] 필립 왕은 테베군의 장점을 정확하게 인지하고 이를 최대한 마케도니아군에 반영하였던 것으로 보이고 이를 또한 그와 알렉산더가 적절하게 활용하였던 것으로 생각된다.

27　도널드 케이건, 『펠로폰네소스 전쟁사』, 허승일 · 박재욱 역, 까치, 2006, 209쪽.

28　Cawkwell, "Epaminondas and Thebes," p.261.

병종별 운용

마케도니아의 필립 2세에 대해서는 최초로 병종을 통합 운용하여 전쟁을 치렀다는 평가가 늘 수반된다.[29] 고전기 그리스 시대에 중장보병으로 구성된 밀집방진이 전장의 주역으로 활약하였다는 것은 앞서 충분히 논의하였다. 물론 이 시기에 기병과 경보병이 존재하였었으나 그 역할은 제한적이었다. 기병은 주로 정찰과 방진의 측·후방을 보호하는 수준에서, 경보병은 주전투 이전에 상대에게 피해를 강요하고 전투 수행을 방해하기 위해서 활용되었다. 이들의 전투력은 중장보병의 전투력에 비교할 때 상당히 열세였으며 많은 경우 그리스 주변의 지역에서 충원되었다. 결과적으로 당시의 전투는 상당히 단조로운 형태로 진행되었다.

이에 비해서 마케도니아군의 전투는 역동적이며 조직적이었다. 특별히 속도가 빠른 기병들이 다양한 형태로 대규모로 활약하면서 마케도니아군의 전투를 생동감 있게 만들었다. 필립왕은 기병을 개혁하면서 중기병을 중요한 전투 요소로 활용하였다. 이는 당시의 그리스 국가들이 보병에 전적으로 의지하던 것과 비교하면 대단히 혁명적인 시도가 아닐 수 없다. 더군다나 그는 테베에 인질로 머물러 있던 동안 테베의 중장보병들이 사선대형으로 스파르타를 꺾고 그리

---

29 Brian Todd Carey, op.cit, p.64.

스의 강자로 군림하던 것을 목격하였었다. 그럼에도 불구하고 그는 중기병을 적극적으로 육성하여 중장보병의 방진을 상대하는 전력으로 가다듬었다.

필립은 단순히 군사 강국인 테베의 제도와 문물을 수입하는 데 그치지 않고 주체적인 입장에서 마케도니아의 특성이 새로운 제도와 조화되어 최고의 효율성을 발휘하는 데 중점을 두고 개혁을 추진하였다. 때문에, 그는 중장보병을 대대적으로 편성하면서도 마케도니아가 원래 유지하고 있던 기병을 발전시켜 전력화하였다. 아울러 기병과 보병을 각각 육성한 뒤에는 이 두 병종의 특성을 살려 통합하여 운용하는 방식을 개발하였다. 결국, 마케도니아군은 기동성이 뛰어난 기병이 충격력을 활용하여 상대의 보병 방진에 돌격하고 보병 방진도 상대의 방진과 충돌하는 방식을 고안하였다. 이수스 전투의 사례에서 보듯 알렉산더의 경우 상대의 방진을 공격하는 수단으로 중기병을 우선으로 사용하였다.

마케도니아군은 경기병과 경보병도 효과적으로 사용하였다. 그리스의 다른 국가도 경기병과 경보병을 사용하였으나 어디까지나 전투의 보조적인 역할만을 담당하였다. 그러나 마케도니아군은 이들을 전투 중에 주전투력과 효과적으로 배합하여 운용하였다. 이수스 전투에서 알렉산더는 페르시아 방진의 왼쪽을 돌아 다리우스에게 돌진하기 위하여 궁수들과 보병을 동원하여 엄호하게 한 뒤 중기병을 활용하여 페르시아의 방진을 뒤로 밀어내었다. 전투 도중에 궁수들이 조직적으로 보병과 함께 중기병을 지원한 것이다. 이들의 활약으로 활로가 열리자 알렉산더가 동료기사단을 인솔하여 다리우스에게 직접 쇄도할 수 있었다.[30]

4. 군수 분야 개혁

무구의 지급

마케도니아군의 본질적인 변화 가운데 한 가지는 군수 분야의 개혁이다. 필립은 군대를 혁신하며 일반적인 그리스의 군대와는 다른 성격을 지닌 군대를 만들어내었다. 기본적으로 고대 그리스 국가의 중장보병들은 자신의 무구를 자신이 준비하였고 이는 아테네의 경우와 같이 민회의 참여권한과 연동되어 정치적인 권리를 행사할 수 있는 기반으로 작용하였다. 이것이 일정 금액 이상의 세금을 납부할 수 있는 시민이 전쟁의 기본 수행 주체이면서 동시에 정치 공동체의 구성원이 되는 원리이다. 이는 또한 빅터 한슨이 서구의 전쟁 방식이 다른 지역의 그것에 비해 철저한 상대방의 파괴를 추구하는 결전의 성격의 강했다고 주장하는 근거가 되기도 하였다. 그에 의하면

30　David Potter, "Alexander the Great And Hellenistic Warfare," p.123.

고대 서구의 국가들은 시민으로 군대가 구성되어 있어 자신의 가족과 재산을 지키기 위하여 전쟁하였기에 결전을 추구하였다.[31]

이러한 큰 흐름과 달리 필립은 방진을 구성하는 중장보병들에게 국가의 재정에서 무구를 지급하도록 하였다. 우선적으로 이는 마케도니아가 가지고 있는 풍부한 재정적 능력 때문에 가능한 일이었다. 필립은 새로이 발굴된 금광산과 은광산을 활용할 수 있는 기회를 십분 활용한 것이다. 아울러 이는 마케도니아가 지니고 있는 왕정 통치의 특징이 작용한 결과이다. 직접민주주의를 시행하기 위해서는 시민들이 스스로 국가 방위의 책임을 져야 하였지만 왕정 아래에서는 왕이 국민들을 동원하고 동원된 국민들을 무장시켜야 할 필요가 존재하였다.

국가가 무구를 지급함으로 인해 마케도니아는 통일된 표준 장비로 군대를 무장시킬 수 있었고, 필요한 병력 자원을 충분히 확보할 수 있었다. 이 제도는 필립과 알렉산더가 운용한 왕립군사학교(Royal Page)와 함께 마케도니아의 군사력을 끊임없이 유지해갈 수 있도록 한 원천이 되었다. 마케도니아는 유력한 집안의 자제들 가운데 14세에서 18세까지의 인원을 왕립군사학교에서 교육하였으며[32] 필립과

31　Victor D. Hanson, *Carnage And Culture*, New York: Anchor Books, 2001 참조.

32　N.G.L. Hammond, "Royal Pages, Personal Pagres, and Boys Trained in the Macedonican Manner during the Period of the Temenid Monarchy", *Historia:*

알렉산더는 이를 적극적으로 활용하였다. 일반적으로 유력한 집안의 자제들은 과정을 수료하면 동료기사단의 대열에 합류하였다.[33] 한편 알렉산더는 원정을 진행하면서 마케도니아에서부터 종군해온 병력의 손실이 늘어가자 이를 충원해야 할 필요를 절감하게 되었다. 그는 왕립군사학교의 전례에 따라 아시아에서 소년들을 징모하는 방안을 강구하였다. 더군다나 오피스(Opis)에서의 반란 이후 10,000명의 마케도니아 병사들을 고향으로 돌려보내게 되자 양성에 대한 필요는 더욱 커졌다.

결국 알렉산더는 BC 334년에 리디아(Lydia) 소년 2,600명을 징모하였고, 이듬해에는 리시아(Lycia)와 시리아(Syria)에서 각 4,000명의 소년을 확보하여 훈련시켰다. 또한 페르시아의 내부로 진군하는 와중에 일부 총독들이 30,000명에 달하는 소년들을 제공하기도 하였다. 흥미롭게도 알렉산더는 고향으로 돌려보낸 10,000명의 병사들 가운데 일부가 현지에서 포로가 되었던 여성들과 결혼하여 낳은 소년들은 병영에 남겨두고 떠나가게 하였다. 알렉산더는 그들을 또한 병사로 훈련하고자 하였다. 이렇게 확보한 소년들에게는 국가에서 양식이 지급되는 것은 물론이었고 통일된 장구류가 지급되었다.[34] 당시 일반

Zeitschrift für Alte Geschichte, Bd.39, H.3, 1990, pp.261~264.

33 Ibid., p.266.

34 Ibid., pp.275~280.

적인 그리스 국가들이 시민들을 동원할 수 없는 경우 용병에 의지하였던 것과 달리 마케도니아는 국가 재정을 통해 병력을 양성하고 무장시켰던 것이다.

군수지원 체계의 정비

필립 2세는 마케도니아군의 군수를 체계적으로 유지하였다. 이전까지 마케도니아군의 병사들은 대부분 수종자들을 동반하였으며 아내나 첩을 대동하였다. 필립은 이를 엄격하게 제한하여 4명의 병사들이 1명의 짐꾼을 대동하도록 하였으며 병사들이 자신의 무구와 소유물, 경우에 따라서는 식량과 물을 휴대하도록 하였다. 필립은 기본 운송 수단으로 소 대신 말을 선택하였다. 말은 소보다 많은 짐을 나르지 못하지만, 속도가 빠르고 먼 거리를 이동할 수 있으며 건초도 덜 소비한다. 일례로 소 두 마리는 우차를 사용하여 약 454kg의 중량을 하루에 16km 정도 운반할 수 있는 데 비해 말 두 마리는 마차로 같은 화물을 52km 운반할 수 있으며 절반의 건초만 있으면 충분하였다.[35]

실제 필립은 마차를 사용하지 못하도록 하였으며 알렉산더 대왕역시 이란 지역을 점령하고 나서야 마차 사용을 허락하였다. 마차를

---

35 Brian Todd Carey, op.cit, p.67.

사용하게 되면 별도의 도로를 사용하여야 하며 험지를 통과하는 데 어려움이 많았기 때문이다. 또한, 당시의 마차를 연결하는 마구가 효율적이지 못하여 동물이 호흡에 곤란을 겪게 하는 경우가 많았다. 따라서 많은 경우 마차보다는 등짐 형태를 선호하였으며 이 경우 빠른 속도로 짐을 운반할 수 있는 장점이 있었다. 알렉산더는 원정이 진행되는 와중에 불어나는 짐을 정리하기 위해 때때로 마차들을 태우고는 하였다.[36]

필립은 병사들이 새로운 군수 체계를 받아들이고 적응하도록 훈련시켰다. 필립은 전쟁을 시작하기 전에 병사들이 완전한 전투 장구를 착용하고 식량까지 휴대한 상태에서 약 56km 정도를 행군하도록 하였다.[37] 결과적으로 알렉산더의 지휘 아래에 마케도니아군은 평균적으로 일일 21km를 행군할 수 있었으며 기병이 독립적으로 이동할 경우에는 64km까지 행군할 수 있었다. 이러한 성과는 필립의 군수 체계에 대한 개혁이 없었더라면 불가능하였다.[38] 마케도니아는 군수 체계를 개혁함으로 인해 장기간 원정 작전이 가능한 군대로 탈바꿈하였으며 이를 기반으로 필립과 알렉산더는 활발한 대외 정복활동

---

36 Donald E. Engels, *Alexander the Great and the Logistics of the Macedonian Army*, Berkeley, Los Angeles, London: University of California Press, 1978, pp.15~25.

37 Polyaenus, *Stratagems*, 4.2.10.

38 Brian Todd Carey, op.cit, p.68.

을 전개할 수 있었다.

5. 마케도니아의 눈부신 부상

마케도니아군의 개혁은 방향과 수준 두 가지 측면에서 보았을 때 일반적인 기준을 뛰어넘는 성과를 가져왔으며 그 결과 주변의 다른 그리스 지역의 군대와는 전혀 다른 군대로 탈바꿈하였다. 마케도니아는 독특한 무기체계인 장창인 사리사를 채용하였고 이것이 뛰어난 전투력을 발휘하게 하였다. 보병의 경우에는 상대방의 전진을 허용하지 않았고 기병은 이를 이용하여 상대방 보병 방진의 전면으로 돌격할 수 있게 된 것이다. 특히 중기병은 쐐기 모양 대형을 형성함으로써 보다 쉽게 중장보병의 밀집 방진을 뚫고 이를 와해시킬 수 있게 되었다.

마케도니아군은 다른 그리스 지역의 군대와 달리 여러 종류의 다양한 부대로 조직되었다. 중기병과 경기병, 중장보병과 경보병, 여기에 왕과 친밀한 유대를 형성한 엘리트 부대가 편성되어 있어 지휘관으로 하여금 여러 가지 다양한 상황에 맞추어 이들을 활용할 수 있는 융통성을 제공하였다. 이러한 군대를 사용하여 필립과 알렉산더는 고대에는 보기 드문 역동적인 전투 지휘를 할 수 있었다. 또한 마케도니아군은 국가 재정에 의해 장비를 지급하는 방식과 확대 발전된 왕립군사학교는 표준적인 장비로 군대를 무장시킬 뿐만 아니라 양질의 병력 자원을 지속적으로 확충할 수 있도록 해주었다. 아울러 필립과 알렉산더가 끊임없이 기동성을 확보하기 위하여 군수체계를 정비하였기에 마케도니아군은 사상 초유의 장거리 원정을 수행할 수 있었다.

필립은 군사개혁을 추진하되 주체적인 입장에서 앞선 기술과 제도를 받아들였다. 그는 테베에서 중장보병의 위력을 목격하였지만 정작 무기체계를 개선하고 전술을 수정하면서 중기병을 육성하였다. 그러면서도 그는 일반적인 그리스 지역의 군대와는 다른 중장보병을 육성하였다. 결과적으로 중기병과 중장보병 모두 위력적인 조직으로 변화하였으며 이들 조직이 자연스럽게 조화를 이룸으로써 마케도니아군이 그리스는 물론 전 세계에서 가장 탁월한 군대로 성장할 수 있게 되었다.

■ 참고문헌

■ 국내자료

기우셉 피오라반조,『세계사 속의 해전』, 조덕현 역, 신서원, 2006.

김진경.『고대 그리스의 영광과 몰락』, 안티쿠스, 2010.

도널드 케이건,『펠로폰네소스 전쟁사』, 허승일 · 박재욱 역, 까치, 2006.

문혜경.「고전기 아테네에서 중무장보병의 전시 동원체제」,『역사와 담론』No. 81, 2017.

베리 스트라우스,『세계의 역사를 바꾼 전쟁 살라미스 해전』, 이순호 역. 갈라파고스, 2004.

빅터 한슨,『고대 그리스 내전, 펠로폰네소스 전쟁』, 임웅 역. 가인비엘, 2009.

신선희 · 김상엽,『이야기 그리스 로마사』, 청아출판사, 2017.

장시은.「투퀴디데스의『역사』에서의 연설문 연구」, 서울대학교 박사학위 논문, 2015.

전윤재 · 서상규.『전투함과 항재자의 해군사』, 군사연구, 2009.

프랑수와 슈와르,『알렉산더』, 김주경 역, 해냄, 2004.

투키디데스,『펠로폰네소스 전쟁사』, 박광순 역, 범우사, 1993.

투키디데스,『펠로폰네소스 전쟁사』, 천병희 역, 숲, 2002.

한스 델브뤽,『병법사』, 민경길 역, 육군사관학교 화랑대연구소, 2006.

■ 국외자료

Diodorus, *Bibliotheca Historica*.

Herodotus, *The Histories*.

Pausanias, *Guide to Greece*.

Plato, *Laws*.

Polybius, *Histories*.

Polyaenus, *Stratagems*.

Plutarch, *The Parallel Lives*.

Thucydides, *History of the Peloponnesian War*.

Vegetius, *On Roman Military Matters*.

Xenophon, *Anabasis*.

——————, *Hellenica*.

Adcock, F.E, *The Greek And Macedonian War*, Berkeley: University of California Press, 1957.

Avery, Harry C., "Themes in Thucydides' Account of the Sicilian Expedition", *Hermes*, 101 Bd. H. 1, 1973.

Bosworth, A.B., "A ΣθETAIPOI", *The Classical Quarterly*, Vol.23, No.2, Nov., 1973.

Brunt, P.A, "Anaximenes and King Alexander I of Macedon", *The Journal of Hellenic Studies*, Vol. 96, 1976.

Carey, Brian Todd, *Warfare in the Ancient World*, Barnsley, South Yorkshire: Pen & Sword Military, 2009.

Cawkwell, G.L, "Epaminondas and Thebes", *The Classical Quarterly*, Vol.22, No.2, Nov., 1972.

Clausewitz, Carl von, *On War*, ed. and trans. by Michael Howard and Peter Paret, Princeton: Princeton University Press, 1984.

De Souza, Philip, eds., *The Ancient World at War*, London, 2008.

Earle, Edward M., *Makers of Modern Strategy: Military Thought from Machiavelli to Hitler*, Princeton: Princeton University Press, 1943.

Engels, Donald E., *Alexander the Great and the Logistics of the Macedonian Army*, Berkeley, Los Angeles, London: University of California Press, 1978.

Gat, Azar, *A History of Military Thought*, Oxford, New York: Oxford University Press, 2001.

Gilbert, Felix, "Machiavelli: The Renaissance of the Art of War", in Peter Paret (ed.), *Makers of Modern Strategy: from Machiavelli to the Nuclear Age*, Princeton: Princeton University Press, 1986.

Hammond, Nicholas G.L., "Cavalry Recruited in Macedonia down to 322 B.C.", *Historia: Zeitschrift für Alte Geschichte*, Bd.47, H.4, 4th Qtr., 1998.

─────, "Royal Pages, Personal Pagres, and Boys Trained in the Macedonican Manner during the Period of the Temenid Monarchy", *Historia: Zeitschrift für Alte Geschichte*, Bd.39, H.3, 1990.

Hanson, Victor D., *Carnage And Culture*, New York: Anchor Books, 2001.

─────, eds. *Makers of Ancient Strategy*, Princeton: Princeton University Press, 2010.

─────, *The Western Way of War*, Berkeley: University of California Press, 1989.

Howard, Michael, "The Forgotten Dimensions of Strategy", in Arthur Fl. Lykke, Jr.(ed.), *Military Strategy: Theory And Application*, Carlisle Barracks, PA: U.S. Army War College, 1982.

Hunter, V., *Thcydides: the Artful Reporter*, Toronto: Hakkart, 1973.

Kagan, Donald, *The Peace of Nicias and the Sicilian Expedition*, Ithaca and London: Cornell University Press, 1981.

─────────, *The Outbreak of the Peloponnesian War*, Ithaka · London: Cornell University Press, 1989.

Liebeschuetz, W., "Thucydides and the Sicilian Expedition", *Historia: Zeitschrift für Alte Geschichte*, Bd. 17, H3, July, 1968.

Liddell Hart, B.H., *Strategy, Second Revised Edition*, New York: Praeger Publishers, 1967.

Ober, Josiah, *The Athenian Revolution*, Princeton: Princeton University Press, 1996.

Machiavelli, Niccolo, *The Prince*, eds. and trans. by Maneil Donno, New York: Bantam Classic, 1966.

Markle, III, Minor M., "The Macedonian Sarissa, Spear, and Related Armor", *American Journal of Archaeology*, Vol.81, No.3, Summer, 1977.

─────────, "Use of the Sarissa by Philip and Alexander of Macedon", *American Journal of Archaeology*, Vol.82, No.4, Autumn, 1978.

Matyszak, Phlip, *Expedition to Disaster*, Barnsley, South Yorkshire: Pen & Sword Military, 2012.

Milns, R.D., "The Hypaspists of Alexander III: Some Problems", *Historia: Zeitschrift für Alte Geschichte*, Bd.20, H.2/3, 2nd Qtr., 1971.

Potter, David, "Alexander the Great And Hellenistic Warfare", Philip de Souza ed., *The Ancient World at War*, London: Thames & Hudson Ltd, 2008.

Thucydides, *History of the Peloponnesian War*, trans. by Rex Warner, London: Penguin Books, 1972.

─────────, *Thucydides: The History of the Peloponnesian War*, trans. by R. Crawley, Encyclopedian Britannica, INC., 1952.

Sage, Michael M., *Warfare in Ancient Greece: A Source Book*, London And New York: Routledge, 2008.

Starr, Chester G., *The Influence of Sea Power on Ancient History*, New York:

Oxford University Press, 1989.

Tsakiris, Theodore G., "Thucydides and Strategy: Formations of Grand Strategy in the History of the Second Peloponnesian War(431~404 B.C.)", *Comparative Strategy*, No.25, 2006.

Warry, John, *Warfare in the Classical World*, Norman, OK: University of Oklahoma Press, 2006.

Holladay, A.J. "The Détente of Kallias?", *Historia: Zeitschrift für Alte Geschichte*, Bd.35, H.4, 4th Qtr., 1986, https://www.jstor.org/stable/4435985 (검색일 2019. 4. 26).

Libourel, Jan M., "The Athenian Disaster in Egypt", *The American Journal of Philology*, Vol.92, No.4, Oct., 1971, https://www.jstor.org/stable/292666 (검색일: 2019. 4. 25.).

Meiggs, Russell, "The Crisis of Athenian Imperialism", *Harvard Studies in the Classical Philology*, Vol.67, 1963, https://www.jstor.org/stable/310817 (검색일: 2019. 4. 26.).

Parker, S. Thomas, "The Objective and Strategy of Cimon's Expedition to Cyprus", *The American Journal of Philology*, Vol.97, No.1, Spring, 1976, https://www.jstor.org/stable/294110 (검색일: 2019. 4. 26.).

Plant, I.M., "The Battle of Tanagra: A Spartan Initiative?", *Historia: Zeitschrift für Alte Geschichte*, Bd.43, H. 3rd Qtr., 1994, https://www.jstor.org/stable/4436332 (검색일: 2019. 4. 25.).

Samons, Loren J. II, "Kimon, Kallias and Peace with Persia", *Historia: Zeitschrift für Alte Geschichte*, Bd.47, H.2, 2nd Qtr., 1998, https://www/jstor.org/stable/4436498 (검색일: 2019. 4. 25.).

Unz, Ron K., "The Chronology of the Pentekontaetia", *The Classical Quarterly*, Vol.36, No.1, 1986, https://www.jstor.org/stable/638944 (검색일:

2019.4.26.).

Westlake, H.D., "Thucydides and the Athenian Disaster in Egypt", *Classical Philology*, Vol.45, No.4, Oct., 1950, https://www.jstor.org/stable/265853 (검색일: 2019. 4. 26.).

군사사의 관점에서 본 펠로폰네소스 전쟁

군사사의 관점에서 본 펠로폰네소스 전쟁

군사사의 관점에서 본 펠로폰네소스 전쟁